Aspectos comportamentais da gestão de pessoas

Central de Qualidade — FGV Management
ouvidoria@fgv.br

PUBLICAÇÕES
FGV Management

SÉRIE GESTÃO EMPRESARIAL

Aspectos comportamentais da gestão de pessoas

9ª edição revista e atualizada

Ivanildo Izaias de Macêdo
Denize Ferreira Rodrigues
Maria Elizabeth Pupe Johann
Neisa Maria Martins da Cunha

FGV management

FGV EDITORA

ISBN — 978-85-225-0607-1

Direitos desta edição reservados à
EDITORA FGV
Rua Jornalista Orlando Dantas, 37
22231-010 — Rio de Janeiro, RJ — Brasil
Tels.: 0800-021-7777 — 21-3799-4427
Fax: 21-3799-4430
e-mail: editora@fgv.br — pedidoseditora@fgv.br
web site: www.fgv.br/editora

Impresso no Brasil / *Printed in Brazil*

1ª edição, 2003. 2ª edição revista e atualizada, 2003. 3ª edição, 2004. 4ª, 5ª e 6ª edições, 2005. 7ª edição, 2006. 8ª edição, 2006. 9ª edição revista e atualizada, 2007. 1ª reimpressão, 2007. 2ª, 3ª e 4ª reimpressões, 2008. 5ª, 6ª e 7ª reimpressões, 2009. 8ª, 9ª, 10ª e 11ª reimpressões, 2010.

Revisão de originais: Luiz Alberto Monjardim

Editoração eletrônica: FA Editoração Eletrônica

Revisão: Aleidis de Beltran, Fatima Caroni e Mauro Pinto de Faria

Capa: aspecto:design

Ilustração de capa: Mario Guilherme V. Leite

Macêdo, Ivanildo Izaias de
Aspectos comportamentais da gestão de pessoas / Ivanildo Izaias de Macêdo, Denize Ferreira Rodrigues, Maria Elizabeth Pupe Johann, Neisa Maria Martins da Cunha. — 9 ed. rev. e atual. — Rio de Janeiro : Editora FGV, 2007.
152 p. — (Gestão empresarial (FGV Management))

Abaixo do título: Publicações FGV Management.
Inclui bibliografia.

1. Administração de pessoal. 2. Recursos humanos. 3. Motivação no trabalho. 4. Liderança. I. Rodrigues, Denize Ferreira. II. Johann, Maria Elizabeth Pupe. III. Cunha, Neisa Martins da. IV. Fundação Getulio Vargas. V. FGV Management. VI. Título. VII. Série.

CDD-658.3

Aos nossos alunos e aos nossos colegas docentes,
que nos levam a pensar e repensar nossas práticas.

Sumário

Apresentação

Este livro compõe as Publicações FGV Management, programa de educação continuada da Fundação Getulio Vargas (FGV).

Instituição de direito privado com mais de meio século de existência, a FGV vem gerando conhecimento por meio da pesquisa, transmitindo informações e formando habilidades por meio da educação, prestando assistência técnica às organizações e contribuindo para um Brasil sustentável e competitivo no cenário internacional.

A estrutura acadêmica da FGV é composta por oito escolas e institutos: a Escola Brasileira de Administração Pública e de Empresas (Ebape), dirigida pelo professor Bianor Scelza Cavalcanti; a Escola de Administração de Empresas de São Paulo (Eaesp), dirigida pelo professor Fernando S. Meirelles; a Escola de Pós-Graduação em Economia (EPGE), dirigida pelo professor Renato Fragelli; o Centro de Pesquisa e Documentação de História Contemporânea do Brasil (Cpdoc), dirigido pelo professor Celso Castro; a Escola de Direito de São Paulo (Direito GV), dirigida pelo professor Ary Oswaldo Mattos Filho; a

Escola de Direito do Rio de Janeiro (Direito Rio), dirigida pelo professor Joaquim Falcão; a Escola de Economia de São Paulo (Eesp), dirigida pelo professor Yoshiaki Nakano; o Instituto Brasileiro de Economia (Ibre), dirigido pelo professor Luiz Guilherme Schymura de Oliveira. São diversas unidades com a marca FGV, trabalhando com a mesma filosofia: gerar e disseminar o conhecimento pelo país.

Dentro de suas áreas específicas de conhecimento, cada escola é responsável pela criação e elaboração dos cursos oferecidos pelo Instituto de Desenvolvimento Educacional (IDE), criado em 2003 com o objetivo de coordenar e gerenciar uma rede de distribuição única para os produtos e serviços educacionais da FGV, por meio de suas escolas. Dirigido pelo professor Clovis de Faro, o IDE engloba o programa FGV Management e sua rede conveniada, distribuída em todo o país (ver www.fgv.br/fgvmanagement), o programa de ensino a distância FGV Online (ver www.fgv.br/fgvonline), a Central de Qualidade e Inteligência de Negócios e o Programa de Cursos Corporativos. Por meio de seus programas, o IDE desenvolve soluções em educação presencial e a distância e em treinamento corporativo customizado, prestando apoio efetivo à rede FGV, de acordo com os padrões de excelência da instituição.

Este livro representa mais um esforço da FGV em socializar seu aprendizado e suas conquistas. Ele é escrito por professores do FGV Management, profissionais de reconhecida competência acadêmica e prática, o que torna possível atender às demandas do mercado, tendo como suporte sólida fundamentação teórica.

A FGV espera, com mais essa iniciativa, oferecer a estudantes, gestores, técnicos — a todos, enfim, que têm internalizado o conceito de educação continuada, tão relevante nesta era do conhecimento — insumos que, agregados às suas práticas, possam contribuir para sua especialização, atualização e aperfeiçoamento.

Clovis de Faro
Diretor do Instituto de Desenvolvimento Educacional

Ricardo Spinelli de Carvalho
Diretor Executivo do FGV Management

Sylvia Constant Vergara
Coordenadora das Publicações FGV Management

Introdução

O objetivo deste livro é contribuir para o desenvolvimento de líderes, executivos e estudantes que atuam ou desejam atuar no campo da gestão de pessoas, com especial ênfase no comportamento de indivíduos e grupos.

Dado o atual cenário de turbulências e incertezas, optou-se por oferecer no primeiro capítulo um panorama desta época de mudanças, tomando a mudança pessoal como ponto de partida para qualquer processo de transformação.

O segundo capítulo focaliza a aprendizagem de comportamentos. Procura-se mostrar como e onde as condutas foram aprendidas e desenvolvidas, dando-se destaque às ações alienadas e inovadoras nas organizações.

No terceiro capítulo discutimos a ética — indispensável para que os relacionamentos pessoais e profissionais floresçam com base nos valores, no respeito mútuo e na credibilidade.

O quarto capítulo trata da comunicação, mola-mestra da gestão de pessoas.

O quinto capítulo examina a motivação humana na visão de diferentes autores, oferecendo subsídios para o exercício da função gerencial.

O sexto capítulo discute a liderança e suas diferentes abordagens, bem como o seu papel nos diversos contextos da atualidade, caracterizados pela virtualidade e pelo compartilhamento do poder.

No sétimo capítulo focalizamos o desenvolvimento de equipes a partir de grupos e a importância de seu fortalecimento para a solidez dos relacionamentos interpessoais e para o êxito do exercício da gestão de pessoas.

Por último, apresentamos as conclusões a que nos permitiram chegar as reflexões aqui desenvolvidas.

1

Mudanças comportamentais

Se você estiver pensando em mudar, já pode ser tarde. Isso porque as pessoas, os valores, os mercados, as empresas e os governos estão todos no vórtice de um furacão, agarrados a fragmentos de um mundo que não existe mais. Assim, propomos neste capítulo algumas reflexões críticas sobre as mudanças que "desabaram" sobre o ambiente organizacional e a relação de emprego — até então o grande ícone da era industrial —, bem como sobre a necessidade de as pessoas reavaliarem suas próprias crenças como meio de preservar sua qualidade de vida e até mesmo sua identidade humana. Mas para tanto é importante que elas invistam no autoconhecimento e nas diferentes formas de relacionamento interpessoal — incluindo colegas e chefes, e também a família e os amigos — como mecanismos de aperfeiçoamento de sua personalidade e inteligência emocional.

Mudanças em todos os níveis

Na maioria das vezes, as pessoas só se dão conta da avalanche de mudanças que ocorre no ambiente organizacional quando já estão sendo esmagadas por ela. E, embora venham imediatamente à lembrança a reengenharia e o *downsizing*, estes não são os únicos fantasmas que estão assombrando os corredores das organizações.

Na verdade, o mundo está assistindo, ao vivo e em cores, ao "choque do futuro" descrito por Toffler (1970), para quem o conhecimento e o computador tornaram-se os grandes ícones da chamada sociedade pós-industrial. Segundo Handy (1996), estruturas mais orgânicas e flexíveis, com menos pessoas, que pensam melhor e se utilizam de sistemas inteligentes agregam muito mais valor ao negócio do que as dezenas de linhas de montagem de trabalhadores "não-pensantes" que prevalecem no modelo mecanicista.

Ainda na visão de Handy, esse novo mundo será constituído de organizações menores, mais jovens que as suas predecessoras e mais horizontalizadas, dado o menor número de níveis hierárquicos. E essa nova realidade vai requerer muito trabalho — especialmente intelectual —, porém cada vez menos empregos em tempo integral, numa relação que dificilmente será mantida quando os privilegiados que ocuparem essas poucas vagas atingirem os 50 anos de vida. Mas, se por um lado essa nova perspectiva assusta, por outro acena com a possibilidade de as pessoas virem a desfrutar de um terço de suas vidas com mais liberdade e saúde, após terem-se livrado da idéia fixa da manutenção de emprego.

Independentemente da vontade de cada um, as pessoas terão que encarar seus próprios desafios na busca de melhor qualidade de vida, até porque será impossível sobreviver à "cultura 24/7", que é como Wood Jr. (2002) designa essa convivência 24 horas por dia, sete dias por semana, com a erosão de fronteiras entre trabalho e lazer, dia e noite, produção e consumo. Mediante o uso de tecnologias que possibilitam a "invasão" da organização nos lares, nas noites, nos fins de semana e nas férias de seus colaboradores, a vida hiperconectada está cada vez mais simulando condições de trabalho muito próximas daquelas vigentes na Revolução Industrial. Assim, na ânsia de manter a todo custo a precária relação de emprego — até porque são muitos os concorrentes à espreita —, as pessoas acabam não se dando conta dos "novos" contratos psicológicos que as remetem a situações semelhantes às "prisões psíquicas" de Morgan (1996), como a convivência com tabus, preconceitos, assédio moral, atitudes antiéticas, medos, estereótipos. Aliás, quem ainda não lançou um olhar de reprovação ao colega de trabalho que consegue sair diariamente no horário e não se submete ao embuste de "ficar depois da hora" apenas para mostrar que "veste a camisa" e espera recompensas por esse esforço adicional?

De Masi (1999) chama a atenção para o fato de que, em geral, apenas os que recebem remuneração pela prestação de serviços de forma regular são alvo de um respeito maior por parte dos demais. O problema é que apenas uma pequena parcela da humanidade pode ostentar essa diferença em sua socialização. Paradoxalmente, caberia perguntar: por que uma mãe que cuida com zelo de sua família tem menos valor perante a sociedade do que uma babá remunerada? Ou, por que a maioria dos cargos tem de ser absolutamente alienante em seu conteúdo? Ou, ainda, por que pensar a nova era pós-industrial com os mesmos parâmetros que vigoraram na anterior? Você já se fez essas perguntas?

Portfólio, competências portáteis e a reinvenção do trabalho

A unidimensionalidade do emprego deve, pois, ser substituída por um repertório mais amplo de opções, aquilo que Handy

(1996) chama de "pessoas de portfólio", já que esse repertório oferece mais alternativas para viver — e sobreviver — nos novos tempos de mudanças. Desse portfólio profissional podem fazer parte cinco categorias:

- trabalho por salário — é resultado da vinculação profissional, com carteira assinada;
- trabalho por remuneração — consultoria, terceirização e outros ganhos por resultados atingidos;
- trabalho doméstico — inclui tarefas realizadas no ambiente doméstico, tais como cozinhar, cuidar de crianças e jardins. Essas tarefas, consideradas de segunda linha, envolvem atividades econômicas que até podem se tornar trabalho remunerado;
- trabalho voluntário — aloca habilidades e competências, de forma gratuita, para causas sociais, mutirões comunitários. Esse tipo de trabalho reforça a rede de relacionamentos e o próprio currículo profissional das pessoas;
- trabalho de estudo — desenvolve novas habilidades e competências e, portanto, aperfeiçoa o portfólio ou a empregabilidade.

As pessoas de portfólio sabem que a maioria de suas habilidades é vendável, seja para uma grande corporação, para um pequeno negócio ou mesmo para o vizinho. Assim, dentro dessa nova concepção, a pessoa poderá ativar gradativamente as várias dimensões de seu próprio portfólio. Goleman (1996:16) afirma que "o próprio conceito de emprego vem sendo rapidamente substituído pelo de 'habilidades portáteis' — aquelas que a pessoa pode utilizar em diferentes contextos profissionais". As pesquisas que esse autor vem realizando nessa área revelam que, em média, as mulheres tendem a ser mais atentas às suas emoções, mais empáticas e aptas ao relacionamento interpessoal, ao passo que os homens são mais autoconfiantes e otimistas, tendo mais facilidade de adaptação e de lidar com o estresse.

Fatores de impacto na formação da personalidade

Como é o ser humano o objeto de estudo deste livro, é preciso conhecer um pouco mais sobre sua essência, desvendar algumas peculiaridades que envolvem sua formação, personalidade, comportamentos e relacionamentos. Somente depois de conhecê-lo é que você poderá estabelecer estratégias para gerenciar pessoas dentro das organizações.

Primeiramente foram os filósofos que procuraram entender o homem. Aristóteles (Macedônia, 384-322 a.C.) preconizava que ele era como uma "tábula rasa", uma espécie sem registros ao nascer, e que esses registros ocorreriam após o nascimento, idéia que nos dias atuais é inaceitável. Com os avanços da genética, é possível saber se uma criança, antes mesmo de nascer, será portadora ou não de patologias, e até desvendar a paternidade desse bebê. Já se comprovou cientificamente que os embriões e fetos reagem a estímulos externos, como sons fortes, gritos ou música suave, e a estímulos internos de sua mãe, como alegria, raiva ou medo.

Oriunda da filosofia, a psicologia, como "ciência do comportamento humano", é representada por diversas escolas que têm como foco a observação, pesquisa, análise e teorização da conduta humana e suas interações. Não cabe aqui descrever tais escolas, mas a figura 1 procura sintetizar suas principais idéias.

Figura 1

FATORES DE IMPACTO NA FORMAÇÃO DA PERSONALIDADE

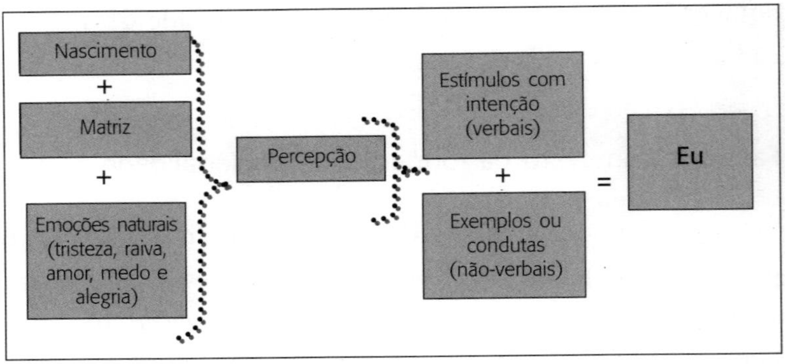

Ao nascer, o bebê traz uma matriz que, além de imprimir-lhe características físicas, como altura, cor dos olhos ou textura da pele, contém potencialidades — emoções inatas e capacidade perceptiva — que servirão de base para o seu desenvolvimento psíquico e social.

Além da matriz, das emoções naturais e da percepção inerentes à espécie humana, ressalta-se a importância dos relacionamentos intra e interpessoais nesse período de formação. O indivíduo receberá do meio ambiente e das pessoas ao seu redor estímulos intencionais, verbais, positivos ou negativos. Completam a lista dos fatores de impacto na formação da personalidade os exemplos ou condutas não-verbais, como um pai que sai todos os dias muito cedo para o trabalho, ou uma mãe extremamente cuidadosa com a alimentação da família, ou ainda pais que não têm tempo para estar com os filhos. Através da percepção dessas situações e de seu entendimento, o indivíduo as acolherá ou as rejeitará, e essas sucessivas interações formarão, por volta dos seis anos, a estrutura básica da personalidade, que poderá ser modificada ao longo da existência do indivíduo, desde que haja uma tomada de consciência para essa mudança, a qual resultará da busca do autoconhecimento.

Portanto, o indivíduo é co-responsável pela formação da própria personalidade, pois registra o que percebe, mas isso nem sempre corresponde ao que é explicitado ou vivenciado pelos outros numa dada situação.

O meio ambiente influencia mas não determina a personalidade humana. Essa afirmação se fortalece com as biografias de indivíduos que nasceram em "berço de ouro" e morreram em cárceres, enquanto outros que enfrentaram maiores dificuldades conseguiram destacar-se. Todos atingiram suas metas pessoais, mesmo sem muita consciência dessa opção.

A importância da percepção humana

Percepção é o processo pelo qual as pessoas tomam conhecimento de si, dos outros e do mundo à sua volta. Ou seja, no cotidiano, os indivíduos formam percepções das demais pessoas e das situações. Recebem dados de várias fontes e, ao sintetizar e reordenar tais dados, encontram uma forma de construir informações. Esse processo mental os ajuda a desenvolver o conhecimento de si e de seu ambiente, que poderão ser percebidos não como são de fato, mas como são assimilados.

A escola alemã da Gestalt foi a primeira a teorizar sobre a importância dos fenômenos e processos perceptivos, postulando que cada indivíduo tem uma percepção única e subjetiva, inerente aos sentidos, que decodifica suas experiências e códigos vivenciados.

Quando bem utilizada, a percepção é uma ferramenta extremamente útil nos relacionamentos, fundamental para o autodesenvolvimento e para aguçar a interpretação de sinais interiores e exteriores, permitindo formar impressões de uma outra pessoa, na esperança de compreendê-la.

A acuidade da percepção social nem sempre é racional e explicável. Algumas pessoas têm uma habilidade social natural, mas qualquer um pode desenvolvê-la. Segundo Minicucci (1982), para entender esse processo psicológico é preciso considerar três elementos básicos:

- o percebedor — é a parte que está olhando e tentando compreender;
- o percebido — é a parte que está sendo olhada ou que se procura compreender;
- a situação — é o conjunto das forças sociais e não-sociais no qual se dá o ato de percepção social.

Para melhor compreendermos o mundo ao nosso redor, devemos admitir que:

- a percepção não é uma função simples;
- o exercício da percepção ajuda a desenvolvê-la;
- a pessoa que se aceita é capaz de perceber aspectos favoráveis do outro;
- quando conhecemos a nós mesmos, fica mais fácil conhecer os outros;
- os padrões de referência do percebedor afetam a observação do percebido.

O processo perceptivo envolve uma série de variáveis que se interpõem entre o movimento da estimulação sensorial e a tomada de consciência do estímulo desencadeador desse processo.

Outros fatores que influem no processo perceptivo

Seletividade perceptiva

Os órgãos sensoriais das pessoas são simultaneamente atingidos por uma variedade de estímulos, mas elas só percebem um subconjunto desses estímulos. Essa seleção da estimulação sensorial denomina-se seletividade perceptiva.

Nas relações sociais, a seletividade perceptiva evidencia-se numa série de situações. Uma delas é a percepção de características negativas nas pessoas de quem não se gosta e de aspectos favoráveis nos amigos. Também no comportamento preconceituoso a seletividade perceptiva se mostra claramente. O preconceito consiste numa atitude negativa diante de um determinado grupo. Ele não é inato, e sim adquirido. Determinadas características de personalidade fazem com que uma pessoa incorpore preconceitos em seu comportamento mais facilmente do que outras. O autoritarismo, por exemplo, é fator propício à assimilação de atitudes preconceituosas.

Experiência prévia e conseqüente disposição para responder

Experiências passadas facilitam ou dificultam a percepção de estímulos já conhecidos. Essa característica do processo perceptivo é utilizada, por exemplo, na propaganda, que busca influenciar as pessoas. Estímulos conhecidos são mais facilmente comunicáveis, e certas disposições para responder podem ser aproveitadas para maior eficácia de uma comunicação persuasiva, desde que tais experiências tenham sido favoráveis.

Condicionamento

As conseqüências do condicionamento no processo perceptivo se evidenciam nos costumeiros problemas de comunicação entre pessoas de culturas diferentes ou mesmo de ambientes educacionais diversos. Raramente um fato é percebido da mesma maneira por duas ou mais pessoas, em virtude de condicionamentos anteriores que as levam a perceber aspectos diferentes nesse fato ou, pelo menos, a enfatizar este ou aquele aspecto.

Fatores situacionais

Certos estados específicos do percebedor, como fome, sede, pobreza, depressão ou cansaço, podem influir na percepção do estímulo sensorial. Assim como a experiência passada influi no processo perceptivo, fatores presentes, situacionais, também são capazes de predispor a pessoa a determinadas percepções. Por exemplo, o empregado ansioso e com medo de ser despedido vê em comportamentos irrelevantes de seu patrão sinais de descontentamento e, logo, de uma demissão iminente.

Em síntese, após os experimentos científicos da escola da Gestalt, abriu-se um novo campo de estudos sobre o comportamento humano.

A importância do autoconhecimento

O autoconhecimento é o ponto de partida para o processo de mudança pessoal. Para que isso ocorra, as pessoas devem ser proativas e encarar os desafios dessa busca incessante. Segundo Goleman (1996), a existência de dois hemisférios cerebrais põe em xeque a crença da superioridade da razão sobre a emoção. Ao referir-se às pesquisas de Gardner sobre os diferentes tipos de inteligência — especialmente a interpessoal e a intrapessoal —, Goleman menciona a inteligência emocional (IE) como aquela que faz toda a diferença quando se trata de pensar o ser humano em sua totalidade e pode desenvolver-se a partir do autoconhecimento, o qual implica:

- conhecer as próprias emoções — identificar o sentimento quando ele ocorre;
- saber lidar com as emoções — administrá-las, colocando-as sob controle;

- motivar-se — usar as emoções positivamente, a serviço de um objetivo maior;
- reconhecer as emoções no outro — desenvolver a empatia, colocando-se no lugar do outro;
- saber lidar com os relacionamentos — trabalhar em equipe, negociar.

Para Goleman, a inteligência acadêmica — mais voltada à expressão lingüística e lógico-matemática e objeto dos testes de QI — oferece pouco preparo para o cotidiano, ao contrário da inteligência emocional. Por isso ele passou a considerá-la uma metacapacidade, isto é, uma capacidade acima das demais, aquela que organiza a experiência da vida e até mesmo do conhecimento intelectual.

As tipologias comportamentais e o autoconhecimento

Embora se corra o risco de pecar pelo excesso de simplificação, a reunião de características em determinados grupos facilita o entendimento da natureza humana e ajuda a identificar os pontos a serem melhorados. Assim, cabe citar, entre outros, as sete inteligências de Howard Gardner, o Paei de Ichak Adizes, os tipos psicológicos de Carl Jung, o MBTI de Myers-Brigs, a tipologia do eneagrama dos gregos e sufis, e a tipologia da dominância cerebral de Hermann. Destacamos aqui as tipologias do eneagrama e da dominância cerebral.

Tipologia do eneagrama

Inicialmente dirigida ao desenvolvimento espiritual, essa tipologia apresenta nove tipos ou modelos de funcionamento da personalidade humana a partir de um conhecimento oriental milenar, havendo indícios de que influenciou a maioria das grandes religiões do mundo (Hurley e Dobson, 1994). Por volta de 1905, seus princípios foram sistematizados por Gurdjieff, que formou vários grupos de estudo na Europa. Mas foi a partir do interesse da Igreja Católica e de algumas universidades americanas em pesquisar suas linhas, especialmente a psicológica e a psicanalítica, que o eneagrama tornou-se mais conhecido pelo mundo afora.

Tipologia da dominância cerebral

Em nosso cérebro existem apenas quatro áreas capazes de pensar: os dois hemisférios do neocórtex — a parte mais "recente" e volumosa do cérebro — e as duas metades do sistema límbico — mais "animal", sede das emoções. Assim, como cada indivíduo acaba usando uma das partes com mais intensidade, essa dominância permite predizer alguns de seus comportamentos e dilemas existenciais.

Ao propor o modelo de quatro estilos de agir, Hermann (apud Castro, 1999) reuniu, metaforicamente, as duas metades do córtex cerebral idealizado por Sperry e as duas metades do sistema límbico de MacLean, resultando daí a racionalidade do lado esquerdo e as emoções do lado direito.

Mas, independentemente do instrumento a ser utilizado, o que conta é a atitude de se iniciar essa travessia. Eis a verdadeira chave dessa busca que nunca termina. Além disso, o autoconhecimento é o ponto de partida para todo o processo de mudança pessoal.

Relacionamentos e feedback

A utilidade do autoconhecimento se torna mais evidente quando as pessoas se relacionam entre si, seja em situações prazerosas ou mesmo de conflito. Assim, essas "ilhas pessoais" na verdade formam um belíssimo "arquipélago", especialmente se cada um souber compartilhar com o outro o que tem de melhor em si mesmo. Um desses saudáveis mecanismos de trocas mútuas inclui o desenvolvimento da capacidade para fazer e receber críticas construtivas, útil para formar equipes autogerenciáveis através da correção de desvios de condutas individuais.

Atentas a esse fenômeno, as áreas de gestão de pessoas começaram recentemente a captar e sistematizar essas mútuas informações na chamada avaliação de múltiplas fontes — ou *feedback* 360°, como é mais conhecida —, em que cada colaborador é avaliado não só por seu chefe imediato, e também por seus colegas, subordinados, clientes e fornecedores — internos e até externos. Essas trocas interpessoais também são enfatizadas na conhecida janela de Johari.

Janela de Johari e estilos interpessoais

Essa representação de áreas da personalidade foi idealizada por Joseph Luft e Harry Ingham, de cujos nomes se originou a sigla Johari. Pondo-se em dois eixos perpendiculares os processos de dar e solicitar *feedback*, surge uma "janela" formada por quatro quadrantes que poderão ter diferentes tamanhos, dependendo das respectivas ênfases.

Solicitar *feedback* (eixo horizontal) é o processo pelo qual a pessoa busca obter informações sobre si mesma, ou seja, preocupa-se em saber o que os outros pensam dela. Quanto maior for essa medida, mais ela se empenhará em obter essas percepções e, portanto, mais ficará se conhecendo.

Dar *feedback* (eixo vertical) é o processo pelo qual a pessoa diz o que pensa dos outros, ou seja, como ela os percebe. Porém, se fizer isso com demasiada freqüência — eixo vertical das janelas — ou insistir em só apontar os erros dos demais, tal atitude poderá causar-lhe sérios problemas em seus relacionamentos interpessoais. A janela de Johari é mostrada na figura 2.

Figura 2
JANELA DE JOHARI

	Conhecido pelo eu	Não conhecido pelo eu
Conhecido pelos outros	I Eu aberto	II Eu cego
Não conhecido pelos outros	III Eu oculto	IV Eu desconhecido

Fonte: Moscovici, 1985:32.

Cada um desses quadrantes é discriminado a seguir.

Estilo interpessoal: eu aberto

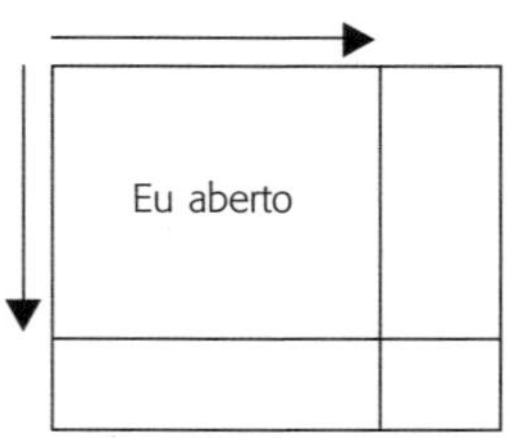

O comportamento da pessoa que usa intensamente os processos de dar e solicitar *feedback* é tão claro e aberto que haverá menos erros de interpretação daquilo que ela estiver tentando fazer ou comunicar aos demais.

Como as pessoas, especialmente num ambiente de trabalho competitivo, tendem a desconfiar dessa franqueza, elas poderão assumir atitudes defensivas. Porém, com o convívio, poderão perder esse medo inicial, e a confiança mútua passará a prevalecer nos relacionamentos. Por essas vantagens, esse é o estilo considerado ideal.

Estilo interpessoal: eu cego

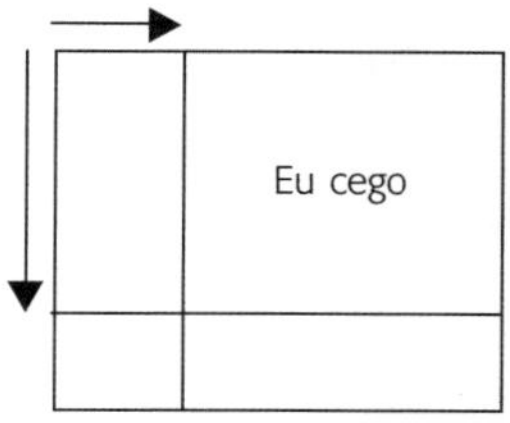

Ao dizer abertamente o que pensa dos outros e das situações, essa pessoa poderá estar sendo vista como egoísta e agressiva em suas constantes críticas. Como ela reage negativamente ao *feedback* dos outros, seu comportamento inadequado tende a perpetuar-se, gerando ressentimento e até hostilidade dos demais ("Esse não tem jeito mesmo!"), o que prejudica suas relações interpessoais.

Estilo interpessoal: eu oculto

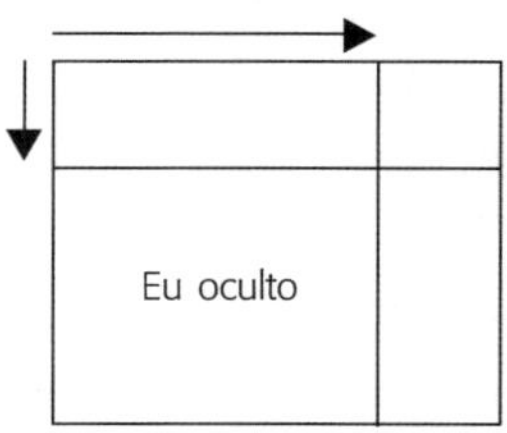

Ao se interessar em saber o que os outros pensam dela mesma ou de suas idéias, essa pessoa passa a usar intensamente o processo de solicitar *feedback* sobre si própria. Como raramente expressa suas opiniões, seu estilo mais reservado acaba gerando desconfiança nos demais. Seja por insegurança ou temor de que o grupo rejeite suas idéias, esse retraimento pode prejudicar seus relacionamentos interpessoais.

Estilo interpessoal: eu desconhecido

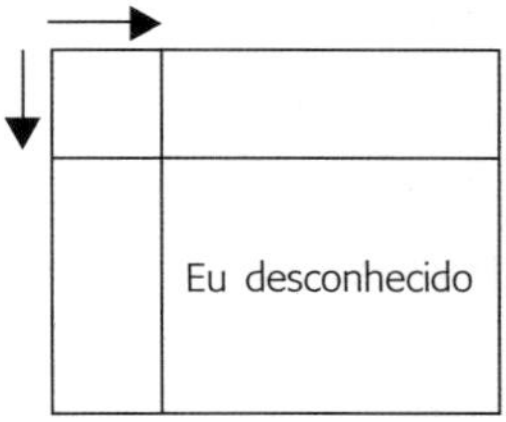

O uso em grau reduzido de ambos os processos — dar e solicitar *feedback* — faz prevalecer um relacionamento impessoal por meio de contatos esporádicos e superficiais com os demais. Por não se dar a conhecer, o potencial dessa pessoa permanece inexplorado. Ela pode apresentar comportamentos rígidos, desinteresse pelo que acontece a seu redor e até aversão a assumir riscos. Em ambientes de intrigas e lutas pelo poder, esse estilo pode ser adotado como estratégia de sobrevivência, do tipo "nada sei, nada vi, nada ouvi".

Feedback *como processo de desenvolvimento*

Feedback — ou crítica construtiva, na interpretação de Bee e Bee (2000) — nada mais é do que uma mensagem a uma pessoa ou grupo, visando dar-lhe informações sobre como sua atuação está afetando os demais. Portanto, trata-se de um mecanismo que aproveita o relacionamento interpessoal como oportunidade de desenvolvimento. Porém, se mal utilizado, o *feedback* pode se tornar um "gol contra", prejudicando a motivação e a auto-estima das pessoas, e aumentando o risco de conflitos no ambiente de trabalho.

Ainda segundo esses autores, tal mecanismo pode ser utilizado para manter e aprimorar desempenhos, orientar e aconselhar pessoas, adquirir novas aptidões, desenvolver talentos e o desempenho em equipe, bem como criar motivação e comprometimento. Por isso é o instrumento mais usado ao longo do processo de *coaching*.

Para aumentar a efetividade do *feedback*, o líder ou outra pessoa encarregada de promovê-lo deve cumprir as etapas a seguir.

- Analisar a situação, antes de começar a reunião de *feedback*:
    - identificar o problema: metas? Relacionamento?
    - arrolar exemplos específicos e suas conseqüências;
    - ser específico e oportuno, ou seja, saber escolher o momento ideal;

- manter a mente aberta, sem preconceitos;
- avaliar a capacidade de recepção, dosando adequadamente.

- Praticar a comunicação assertiva:
  - destacar aspectos passíveis de mudança, como habilidades e conhecimentos;
  - concentrar-se nos aspectos mais importantes: o que deve ser feito e o que deve ser mudado;
  - criar ambiente propício, mostrando empatia e senso de oportunidade;
  - mostrar as vantagens que o interessado possa ter com a mudança;
  - ouvir reflexivamente, evitando interromper ou parafrasear;
  - manter a receptividade através do contato visual e gestual.

- Mostrar os comportamentos a serem alterados:
  - citar exemplos precisos e suas conseqüências;
  - evitar comentários sobre valores, crenças pessoais, nível de educação;
  - apontar as características de personalidade positivas e aquelas a serem melhoradas;
  - não usar termos que desqualifiquem a pessoa;
  - focar os comportamentos doravante desejados;
  - estabelecer padrões e cronograma de ações de melhorias;
  - procurar soluções em conjunto, propondo desafios;
  - oferecer ajuda, orientação, novos treinamentos, colocando-se à disposição;
  - estabelecer a freqüência dos contatos de retorno, especialmente aqueles nos quais o cumprimento do acordo será comemorado.

- Fazer uma autocrítica após a reunião:
  - o que esperava alcançar? O objetivo foi atingido?
  - o que transcorreu bem? O que não saiu como esperado? Por quê?
  - o que fará diferente da próxima vez?

Assim o *feedback* deixará de ser um processo misterioso e cheio de "segundas intenções", tornando-se um processo de trocas interpessoais visando ao desenvolvimento do outro e, por isso mesmo, um dos mais belos instrumentos da gestão de pessoas.

Exercitando conceitos

Você já está se dando conta de que a única permanência é a mudança, que se intensifica e aprofunda. E se num passado recente a mudança era incremental, gradativa e vagarosa, hoje ela é descontínua, aproximando-se da teoria do caos na medida em que é impossível prever sua ocorrência e seus desdobramentos.

E mudança descontínua requer pensamento descontínuo. Isso significa, por exemplo, deixar de dar ênfase ao discurso sobre empregos e empregados, já que em pouco tempo haverá mais pessoas trabalhando fora das organizações — terceirizados, consultores e outros — do que dentro delas.

Significa também investir cada vez mais no desenvolvimento da percepção, no autoconhecimento e na qualidade dos relacionamentos que se vão construindo ao longo da vida. Para consolidar o seu entendimento sobre esses temas, responda às questões a seguir.

- As diferenças perceptuais podem influenciar os relacionamentos interpessoais?

- Quem investe no autoconhecimento aumenta suas chances de sucesso. Você concorda com essa afirmação? Por quê?
- Como o *feedback* do líder pode influenciar o comportamento de sua equipe?

2

Aprendizagem e comportamentos organizacionais

Você sabe, leitor, onde e como aprendeu os seus atuais comportamentos? Isso é muito importante porque, ao compreender esse processo histórico, você poderá melhor avaliar a qualidade do seu relacionamento interpessoal. Saberá identificar mais precisamente o impacto de suas ações no clima psicológico da organização, bem como verificar que ações estão promovendo ou reduzindo a sinergia da equipe. Saberá também o que precisa ser aprendido para melhorar a sua contribuição como líder.

Portanto, neste capítulo veremos como as pessoas adquirem comportamentos. Focalizaremos a aprendizagem nas principais instituições sociais constituídas por indivíduos integrados, especialmente a família e a escola. Mostraremos também modelos organizacionais de gestão empresarial que exigem a reprodução de comportamentos específicos para atingir seus objetivos de eficiência, eficácia e efetividade. Estudaremos os comportamentos inovadores e, por fim, os comportamentos alienados que ocorrem com certa freqüência nas organizações.

A aprendizagem

Atualmente, o mundo do trabalho requer um processo de aprendizagem contínua. Como os métodos e as técnicas de trabalho que estão em constante renovação, os profissionais devem estar sempre atualizados para manter as organizações interessadas em suas competências.

Aprender a aprender é frase repetida incansavelmente, mas o que é aprender? Segundo Mednick (1973), no processo de aprendizagem podem-se observar certas características, tais como: a) o processo resulta em mudança de comportamento; b) a aprendizagem decorre da prática; c) a mudança produzida é quase permanente; e d) o processo de aprendizagem não é diretamente observável. Estas características serão comentadas a seguir.

Mudança de comportamento

A mera participação num treinamento não é garantia de aprendizado. Só é possível comprovar o sucesso da aprendizagem quando o indivíduo exerce a atividade para a qual foi treinado, permitindo assim observar e avaliar o seu comportamento.

A aprendizagem pressupõe um novo comportamento. Por exemplo, um executivo participou de um processo de desenvolvimento gerencial e mudou o seu estilo de centralizador para participativo, ganhando assim maior aceitação entre os seus subordinados. Ou seja, um novo comportamento foi observado, avaliado e aprovado por sua equipe.

A prática

A aprendizagem é fruto da prática. Só se aprende aquilo que se praticou repetidamente até alcançar o nível desejado de perícia. Logo, não basta memorizar conceitos. É fundamental aplicá-los para que haja aquisição de conhecimento.

Por exemplo, não basta simplesmente o indivíduo decorar todos os elementos e etapas do processo de comunicação para tornar-se mais capaz nesse aspecto. Para tanto é imprescindível que todos os conteúdos sejam praticados e avaliados, possibilitando a correção de erros e a melhoria da quantidade e da qualidade da comunicação.

Permanência do comportamento adquirido

A manutenção de um novo comportamento está diretamente relacionada à continuidade da recompensa daí decorrente. Caso esta seja retirada, a tendência natural é que esse comportamento seja abandonado.

No caso de fadiga física ou emocional, o indivíduo que adquiriu um novo comportamento pode apresentar queda de desempenho, com resultados abaixo da expectativa e alta margem de erro. Nesse caso não cabe falar de aprendizado, pois esse novo desempenho não é permanente. Após um período de repouso, a pessoa tenderá a recuperar o grau de perícia anterior ao estado de cansaço.

A aprendizagem não é diretamente observável

Segundo Mednick (1973:32), "a aprendizagem é apenas uma das variáveis que influenciam o desempenho". Quando se aumenta a recompensa, a pessoa pode melhorar seu desempenho — nível de produção —, mas para isso ela não necessitou aprender nada, apenas repetiu mais vezes o que já sabia. Por outro lado, quando um indivíduo diminui a qualidade de seu trabalho porque foi humilhado por seu líder perante os colegas, isso não significa que tenha havido qualquer tipo de aprendizagem. Nem toda alteração de comportamento corresponde a uma aprendizagem. Ao contrário, a aprendizagem é que será observada por meio da mudança de comportamento.

A seguir veremos como a família e a escola podem influenciar ou não o aprendizado de alguns comportamentos, dependendo dos valores e condutas adotados nesses grupos sociais.

A socialização dos indivíduos

O processo de socialização geralmente tem início no seio da família e na escola, instituições sociais muito presentes na vida das pessoas que trabalham nas organizações ou prestam serviços como profissionais autônomos. Por isso é fundamental entender como elas intervêm no processo de aprendizagem comportamental.

Aprendizado no ambiente familiar

De acordo com Lenhard (1985), a família monopoliza as possibilidades de experiência da criança no tocante à interação social e cultural por um período que varia conforme os costumes da região onde ela vive. Assim, o primeiro aprendizado da criança diz respeito aos hábitos alimentares e à utilização dos objetos ao seu redor. Em seguida, sob a orientação dos adultos, sua atenção se volta para os brinquedos que desenvolverão suas habilidades. Com o passar do tempo, o que era brinquedo transforma-se em ferramenta de trabalho. É o caso da criança que começa a brincar com pincéis, tintas e lápis de cera e depois se torna pintor.

A família também exerce controle social sobre o comportamento da criança, que por sua vez se acostuma a obedecer aos pais. Assim, ela aprende padrões de comportamento que dependem do tipo de relacionamento estabelecido entre ela e os adultos. A criança absorve os usos e costumes da sociedade por meio de sua família.

Quando a criança aprende técnicas e costumes, na verdade está agindo de acordo com suas conveniências, pois é assim que seus desejos são satisfeitos. Cada vez mais, de acordo com Lenhard (1985:62), "o que a criança quer depende do que vê os outros quererem; a sua vontade organiza-se em função dos *padrões mentais* da família".

A criança também começa a compreender que existe um sistema social no qual ela está inserida, pois percebe que as pessoas demonstram comportamentos diferentes, conforme a posição que ocupam na organização familiar. Ela vai entendendo que a estrutura social é composta de um conjunto de papéis específicos a cada posição e assim começa a perceber o seu próprio papel.

Ainda segundo Lenhard, o desempenho escolar da criança depende do nível de conhecimentos que ela traz do lar. Da mesma forma, a habilidade para lidar com símbolos sociais — aqui entendidos como gestos de cortesia, expressões de respeito e de solidariedade — vai influir significativamente em sua capacidade para desenvolver relacionamentos interpessoais nos grupos sociais de que fará parte futuramente.

A organização do pensamento da criança começa na família: se ela pertencer a um grupo familiar cujos membros encaram a vida de um ângulo prático, tenderá a buscar soluções práticas para seus problemas futuros.

Por último, os valores morais adquiridos na infância tendem a moldar o comportamento da pessoa para o resto da vida, se não houver uma forte razão ou recompensa para que ela aprenda novos comportamentos. Por exemplo, se os pais forem autoritários, a criança tenderá, quando adulta, a resolver seus conflitos de maneira individualista, pela força física ou pelo poder derivado da posição que ocupa na empresa e na sociedade.

Aprendizado no ambiente escolar

Segundo Enguita (1989:161), a escola realiza um tipo de preparação para o trabalho que a família não é capaz de fazer:

> *A autoridade do cabeça da família na unidade econômica autosuficiente não é a mesma que a do empresário sobre os seus trabalhadores: a primeira é paternalista, a segunda, burocrática. Diferenças como estas marcam a necessidade de processos de socialização distintos. A socialização familiar podia ser adequada para preparar o camponês para a aceitação de dependência pessoal e de serviços mútuos com o senhor feudal, mas não o seria para a inserção na organização impessoal e regulamentada da empresa moderna. É aí, justamente, que entra a escola.*

O autor refere-se a uma época em que o modelo familiar era paternalista, mas atualmente temos muitas famílias lideradas por mulheres, o que altera essas relações. Todavia, independente desse fato social, a família não reproduz o ambiente organizacional, ficando essa responsabilidade para a escola.

Quando se analisam as organizações, nota-se que as questões relacionadas à autoridade e ao controle sempre estiveram em destaque. A liderança só é reconhecida como tal na medida em que consegue manter a autoridade legitimada pelos liderados e a equipe sob controle. Atualmente experimentam-se mudanças nas formas de legitimar o poder e de controlar equipes, tornando-as mais participativas. Porém, continua sendo inadmissível perder o respeito dos liderados ou deixar de lado a disciplina, independentemente do método utilizado.

Considerando que a autoridade e a disciplina são essenciais para as empresas, como as escolas preparam seus alunos para se comportar de acordo com o requerido pelas organizações?

Enguita (1989) afirma que um dos aspectos cruciais da escola é a conservação da ordem. Por isso o professor que não consegue mantê-la em breve abandona a profissão. A escola, tal como a organização, não é uma instituição voluntária. Logo, a ordem torna-se uma questão de obediência à autoridade, e os alunos se vêem envolvidos em relações de autoridade e hierarquia. Essas relações, uma vez aprendidas, serão posteriormente reproduzidas nas organizações, caso não haja recompensas em sentido contrário.

No modelo educacional autoritário, a submissão permanente incute nos alunos a idéia de que não podem tomar decisões por si, de que não são confiáveis e precisam de vigilância constante. Contudo, quando o processo educacional é democrático, a ordem e a autoridade não são vivenciadas como o oposto da criatividade; na verdade, elas passam a representar uma necessidade de organização do processo pedagógico.

Na família, os relacionamentos são pessoais e quase sempre duradouros. Já na escola, os pais são substituídos pelo professor, enquanto o aluno torna-se apenas parte de um grupo. Daí a necessidade de interiorizar normas e valores sociais para mediar a relação com os outros. Mais tarde as situações vivenciadas nesse contexto poderão afetar os relacionamentos profissionais.

Por fim, afirma-se que o modelo educacional da Revolução Industrial está ultrapassado, visto que se baseia na obediência cega e na padronização em oposição à criatividade. Por isso observa-se no mundo da escola a tendência à adoção de métodos pedagógicos capazes de formar alunos com qualidades mais adequadas às atuais necessidades do mundo do trabalho.

Modelos organizacionais e comportamentos

Os métodos de gestão empresarial vêm mudando com a evolução tecnológica, especialmente no que se refere aos aspectos comportamentais. Essas diferenças aparecem com mais clareza nos modelos organizacionais comentados a seguir.

O modelo burocrático

Motta (2000) aponta o formalismo, a impessoalidade e o profissionalismo como os aspectos centrais da burocracia.

Em primeiro lugar, o formalismo exige que as pessoas atuem conforme padrões técnicos e comportamentais preestabelecidos, não sobrando espaço para a autonomia. Qualquer ação nova só pode ser implementada com a autorização explícita do superior imediato, de preferência por escrito.

O fundamental é obedecer a regras e diretrizes. Para tanto, o código disciplinar é aplicado com rigor. Por outro lado, a criatividade e a solução de problemas são prejudicadas pela falta de análise crítica do processo de trabalho, pela comunicação descendente e pelo planejamento rígido.

Em segundo lugar, a impessoalidade implica o desempenho de papéis. Não são pessoas que se relacionam entre si, mas cargos e funções que se comunicam. Incentivar as pessoas a participar da gestão organizacional não é uma preocupação fundamental do modelo burocrático, pois o arcabouço do controle hierárquico foi arquitetado e instrumentalizado segundo regras e procedimentos rígidos que visam promover o estrito desempenho das atribuições definidas para o cargo ocupado.

Em terceiro lugar, o profissionalismo requer a especialização de pessoas em determinadas carreiras que se fundamentam quase exclusivamente na competência técnica. Nesse caso, as competências interpessoais não são exigidas com a ênfase necessária ao desenvolvimento das responsabilidades de liderança, por exemplo.

Organizações contemporâneas

Estudando um modelo de arquitetura organizacional capaz de atender às necessidades ditadas pelo mercado globalizado, Nadler (Nadler et al., 1994) afirma que os comportamentos organizacionais devem contemplar a partilha, a colaboração, a confiança e a autoridade fundamentada no conhecimento. Essa afirmação contraria frontalmente as práticas burocráticas de impessoalidade, defesa do território, controle e autoridade estabelecidas pelos cargos.

Nadler também destaca a necessidade de integrar "as atitudes e valores das pessoas e as novas estruturas, processos e tecnologia" (Nadler et al., 1994:22). Na prática, as organizações transferiram mais poder para a base da pirâmide hierárquica, onde se concentram as ações diretamente ligadas à satisfação de clientes, como atendimento, cobrança e assistência técnica. Com isso aumentaram a flexibilidade e a agilidade dos processos organizacionais, e os dirigentes começaram a perceber que os resultados empresariais estão intrinsecamente relacionados com a motivação dos colaboradores.

Por outro lado, estudos têm enfatizado a importância da gestão empresarial cooperativa, responsável pelo milagre econômico japonês (Santos, 1995). A globalização da economia impôs modelos de gestão organizacional que pressupõem maior participação e autonomia dos colaboradores.

Tais modelos priorizam a atuação de equipes, diminuindo assim o caráter pessoal da decisão gerencial e aumentando a responsabilidade dos técnicos. A maior participação no processo decisório e a flexibilidade da produção de bens e serviços requerem trabalhadores com conhecimentos mais amplos, além de técnicas específicas para a realização de suas atividades.

MacLean (apud Clarke e Monkhouse, 1995) mostra que a concorrência global ascendeu a um patamar em que a inovação contínua é o sustentáculo principal da sobrevivência organizacional. Com isso a gestão da inovação torna-se definitivamente uma responsabilidade estratégica e operacional.

Considerando que atualmente as empresas dependem da inovação para sobreviver, e sendo esta uma contribuição humana, faz-se necessário obter o comprometimento das pessoas, tendo em vista os valores e as metas da organização. Drucker (1980:173) assim descreve o papel a ser desempenhado pelo trabalhador da sociedade do conhecimento:

> *Deve ser responsável pelo seu próprio trabalho; deve administrar-se por objetivos e autocontrole; deve tornar-se responsável pelo constante aperfeiçoamento de toda a operação (o que os japoneses chamam de "aprendizado contínuo"); deve partilhar da responsabilidade de resolver e estabelecer metas e objetivos da organização; e deve participar das decisões da empresa.*

Com base nas idéias do autor, pode-se dizer que a educação não cumprirá a missão de desenvolver pessoas com a qualificação almejada pelas organizações se ficar limitada à educação técnica, isto é, se o aprendizado focalizar somente a dimensão dos conceitos, métodos e técnicas de execução do trabalho.

Portanto, é essencial que o processo educacional seja ampliado para abranger o autodesenvolvimento. Objetiva-se, dessa forma, não só compreender o comportamento humano e sobre ele atuar, como também contemplar o desenvolvimento de habilidades para entender a organização como um sistema aberto que evolui historicamente e cujo futuro é planejado de modo estratégico.

Comportamento inovador

A inovação, essencial à sobrevivência das organizações, só se materializa quando a ambiência é favorável. Daí a importância de aspectos tais como: atitude de aprendizado, liderança, trabalho em equipe, comunicação participativa e prazer em realizar o trabalho. Mas nada disso será suficiente se as pessoas não tiverem comportamento inovador.

Para estimular esse comportamento, as organizações precisam saber lidar com os transgressores. Segundo Alter (apud Davel e Vergara, 2001:64), "a inovação é sempre, em um primeiro momento, transgressão das regras estabelecidas, porque ela representa um atentado à ordem social". Assim sendo, o inovador está sempre tentando ultrapassar os limites impostos pelas regras e normas, mesmo que concorde com os objetivos gerais e particulares da organização. Uma característica do comportamento inovador é, pois, a aceitação de riscos.

Para Alter, o risco aparece quando a pessoa não conhece a extensão da punição que poderá sofrer por afrontar a ordem estabelecida. Algumas vezes o transgressor pode ser visto como um empreendedor, pelo espírito de iniciativa diante de algum problema, ou como um burocrata, porque se limitou a seguir a regra, ou ainda como indisciplinado e irresponsável, caso não tenha logrado êxito com soluções novas.

Ainda segundo Alter, seja qual for o risco, sua aceitação pode se dar em três dimensões:

- na relação com os colegas — assumir atitudes inovadoras pode custar a perda de aprovação pelos demais participantes da equipe de trabalho;
- no tocante às regras de gestão — o descumprimento de padrões de gestão implica a possibilidade de ser alvo de sanções administrativas;
- na avaliação do trabalho — os inovadores são mais cobrados para atingir melhores resultados a custos mais baixos.

Assim, a inovação está sempre jogando com as forças criadoras e as formas de socialização da organização. Logo, o comportamento criador pressupõe capacidade de negociação e também senso crítico na realização das tarefas e nas relações interpessoais.

Alter recomenda que a transgressão seja rotineira, transforme-se em hábito, uma vez que é o motor da inovação. Eis, portanto, outra característica do comportamento inovador: saber lidar com situações ambíguas; o que é permitido e o que é proibido, o que deve ser feito e o que não deve.

Para uma organização ser inovadora é imprescindível incentivar o comportamento inovador. Por isso a aceitação de riscos, a negociação, a construção crítica e a capacidade de conviver com ambigüidades devem orientar as ações das lideranças.

Obstáculos ao comportamento inovador

A pessoa que não domina os conhecimentos relacionados com o seu trabalho e tem pouca experiência não pode ter comportamento inovador; na verdade, não passará de um aventureiro, pois é preciso conhecer profundamente as regras sociais para poder testar limites.

Outro obstáculo é o hábito de pensar com base em regras preestabelecidas. Aliás, as organizações burocráticas reprimem fortemente o comportamento inovador ao impor relações impessoais orientadas por procedimentos padronizados e, não raro, uma liderança autoritária.

A atitude pessimista também representa um entrave ao comportamento inovador. O mesmo se pode dizer das pessoas que não cultivam o hábito de pensar e preferem soluções prontas, ou que sofrem um verdadeiro bloqueio mental diante da opinião do líder. Por último, um obstáculo muito presente é a predominância dos critérios de julgamento conservadores nas organizações.

A seguir, veremos que o comportamento alienado nas organizações induz à busca de recompensas financeiras, impede a visão sistêmica e promove a competição antiética.

Alienação e comportamento organizacional

Eis o que diz Fromm (1983:124) a respeito da alienação:

> *Entende-se por alienação um modo de experiência em que a pessoa se sente como um estranho. Poder-se-ia dizer que a pessoa se alienou de si mesma. Não se sente como centro de seu mundo, como criadora de seus próprios atos, tendo sido os seus atos e as conseqüências destes transformados em seus senhores, aos quais obedece e aos quais quiçá adora. A pessoa alienada não tem contato consigo mesma e também não o tem com nenhuma outra pessoa. Percebe a si mesma e aos demais como são percebidas as coisas: com os sentidos e com o senso comum, mas, ao mesmo tempo, sem relacionar-se produtivamente consigo mesma e com o mundo exterior.*

Refletindo sobre as idéias do autor, pode-se ver o sistema burocrático como uma estrutura capaz de produzir alienação, lembrando que um dos conceitos centrais desse sistema é a impessoalidade. Na dinâmica da gestão burocrática, o indivíduo tem um papel estabelecido por outros, a ser exercido de maneira padronizada, em hora e local determinados por outros, tendo de conviver com um grupo de trabalho formado por estranhos e obedecer a superiores distantes. Logo, não admira que a pessoa se sinta como um estranho dentro do próprio corpo, o mesmo ocorrendo em relação ao seu trabalho e à empresa.

Por outro lado, a recompensa financeira torna-se a parte mais importante do trabalho. Assim, de acordo com Fromm, o dinheiro se transforma em senhor do indivíduo, tendendo este a concentrar seus esforços na manutenção e obtenção de maiores recompensas financeiras.

Além disso, somente os não-alienados vêem os meios empregados como antiéticos, pois o trabalhador alienado pode considerar o sucesso financeiro sinônimo de sucesso na vida e compreender seus atos a partir dessa perspectiva. Para ele, sem sombra de dúvida, as estratégias e ações empreendidas foram corretas, pois a vitória foi alcançada; e mais, elas devem servir de exemplo para todos os que desejam obter sucesso na organização. Logo, pode-se dizer que a realização de um trabalho alienado numa estrutura alienante é fator essencial na formação de comportamentos motivados exclusivamente por ganhos financeiros.

Do ponto de vista da aprendizagem, uma educação voltada exclusivamente para a especialização tecnológica produz profissionais alienados em relação ao todo da organização. Como eles não conseguem encontrar significado em seu próprio trabalho, concentram-se na luta para obter cada vez mais recompensas financeiras, única variável, nesse contexto, capaz de proporcionar-lhes alguma satisfação, donde a disputa por funções mais bem remuneradas.

Assim a organização passa a correr um sério risco, pois com o tempo podem ascender ao poder — ocupando postos estratégicos — pessoas que, não tendo uma visão sistêmica da organização, são incapazes de fazer generalizações e pouco entendem de métodos e processos. Visão, missão e valores da organização são letras mortas, abstrações incompreensíveis para essas pessoas que não foram educadas para perceber a importância da prática de valores éticos amplamente aceitos pela sociedade. Por isso elas desenvolvem um código de conduta próprio, um tipo de corporativismo que, em última instância, é prejudicial à organização.

O líder como educador

As organizações vivem a era da gestão do capital intelectual, buscando incessantemente atrair e preservar o conhecimento existente e gerar inovações por meio da criatividade.

Assim, o processo de ensino e aprendizagem torna-se estratégico na dinâmica das organizações, cabendo ao líder o papel de facilitador da aprendizagem de indivíduos e equipes.

Segundo Paulo Freire (1997), ensinar é promover a construção do conhecimento, ensinar é pensar certo, ensinar é escutar. Vejamos como essas idéias se aplicam ao mundo das organizações.

Ensinar é promover a construção do conhecimento

Ensinar não significa transferir conhecimentos. Na verdade, ensinar é promover as condições para que esses conhecimentos sejam construídos pelo aprendiz. O liderado não aprende quando o líder lhe explica verbalmente como executar uma tarefa; o aprendizado ocorre quando ele realiza o trabalho e ambos — líder e liderado — refletem criticamente sobre essa experiência, momento em que o líder também aprende. Assim, a aprendizagem se constata quando o liderado consegue reproduzir ou recriar o conteúdo ensinado e também quando consegue atingir ou ultrapassar resultados previstos.

Por exemplo, explicar verbalmente as etapas da montagem de um computador a alguém que nunca realizou tal operação e depois pedir-lhe que repita tudo oralmente não garante que a montagem será realizada corretamente ou que o computador irá funcionar. Para tanto é imprescindível que a montagem seja realizada sob supervisão e que ao final seja feita uma avaliação crítica de cada etapa do trabalho e das dificuldades aí encontradas. Assim garante-se que certos pontos sejam esclarecidos e que as etapas se tornem significativas para quem está realizando a tarefa. Depois disso o aprendiz deve fazer o trabalho sozinho, para ganhar confiança e destreza na sua execução.

Portanto, promover a construção do conhecimento inclui propor desafios, acompanhar a realização da tarefa, avaliar criticamente o desempenho e exercitar-se para adquirir perícia.

Ensinar é pensar certo

Para ensinar, o líder deve pensar certo. Segundo Paulo Freire, pensar certo significa submeter nossas verdades a uma avaliação crítica para torná-las passíveis de modificação. Isso permite perceber que a competência de hoje será ultrapassada pelo conhecimento a ser adquirido amanhã e conduz à busca permanente da superação do atual nível de saber.

Pensar certo é estar em permanente mudança, é conviver com os riscos e os desafios do futuro. Não é adotar o novo somente pelo fato de ser novo, nem rejeitar o velho apenas por ser velho. Trata-se de escolher as mudanças e de assumir o controle da vida. Pensar certo é ter humildade para reconhecer os erros e com eles aprender a trilhar novos caminhos.

Pensar certo é respeitar os saberes do liderado e sua consciência crítica. Portanto, ao ensinar, o líder deve partir do nível de conhecimento em que se encontra o liderado, sabendo que este tem capacidade para criticar o conteúdo ensinado e chegar a conclusões por si mesmo. Logo, pensar certo envolve a reflexão crítica sobre nossas práticas.

Pensar certo é respeitar a ética. Não há como desvincular o aprendizado de uma técnica das conseqüências éticas de sua prática. Por exemplo, é de se esperar que o chaveiro não utilize sua técnica de abrir cadeados para assaltar residências na calada da noite.

Pensar certo é corporificar o discurso pelo exemplo. Não tem cabimento pregar justiça quando o critério de promoção de liderados passa unicamente pela amizade e obediência cega ao líder. É sabido que o exemplo do líder é a maneira mais barata e eficaz de ensinar comportamentos.

Pensar certo é amar as diferenças. Não se aprende com quem possui os mesmos saberes, com os iguais. A possibilidade de aprendizado está nas diferenças conceituais, metodológicas, instrumentais e práticas. Portanto, deve-se reconhecer o valor das diferenças individuais existentes numa equipe. Mais que isso, deve-se incentivar a diversidade para aumentar o potencial de aprendizado e fortalecer o processo de construção do conhecimento. Até porque ninguém aprende sozinho; aprende-se na relação com os outros.

Pensar certo é agir para transformar o mundo e deixar-se mudar pelo mundo que se ajudou a transformar. Quando se exigem novos comportamentos da equipe, é preciso ter em mente que também ela vai modificar a maneira de agir do gestor. Muitos conflitos têm como principal causa a rigidez comportamental do gestor.

É o caso, por exemplo, do gestor autoritário que censura seus subordinados pelo fato de começarem a fazer trabalhos sem sua autorização expressa, esquecendo-se de que ele próprio passou a estimular tal iniciativa após ter lido um artigo sobre equipes de alto desempenho. Além de frustrar a todos, tal atitude é contraproducente. Por isso o líder deve preparar-se para mudar, antes de agir para mudar sua equipe.

Ensinar é escutar

Não é falando para os outros que se aprende a escutar. Para melhor comunicar-se, o líder deve escutar atentamente o liderado e procurar compreender o que ele diz. Numa cultura autoritária, escuta-se atentamente quem tem poder, mas em geral tem-se muita dificuldade para escutar os liderados. A escuta é hierarquizada. Mas esse é um problema que tem solução: como todos escutam a voz da autoridade, resta escutar também os subordinados, bastando para tanto saber respeitá-los.

Em suma, quem tem algo a dizer deve incentivar quem escuta a participar do processo de aprendizado com seu saber único e indispensável à construção do saber coletivo, tornando-se também agente desse saber.

Exercitando conceitos

Neste capítulo, vimos que a aprendizagem ocorre com a prática e só pode ser constatada através dos comportamentos das pessoas. Estudamos o processo de socialização dos indivíduos na família e na escola, e identificamos os comportamentos característicos de empresas burocráticas e contemporâneas, destacando-se aí o comportamento inovador. Vimos também como a motivação gerada exclusivamente por recompensas financeiras é produto da alienação dos indivíduos na organização. Por último, analisamos o papel do líder como educador, bem como a importância da construção do conhecimento, do pensar certo e do escutar. Agora o leitor poderá exercitar os conceitos aqui apresentados respondendo às seguintes questões:

- Quais são as principais características do processo de aprendizagem?
- Que relação têm as idéias de Paulo Freire com o papel do líder como educador?
- Quais são as principais diferenças comportamentais entre o modelo burocrático de gestão e o das organizações contemporâneas?
- Na sua experiência profissional, você considera que predominam os comportamentos burocráticos ou os comportamentos inovadores? Por quê?

3

Ética aplicada às relações de trabalho

Ao longo da história, a ética tem assumido diferentes significados conforme a época e a cultura. Você já percebeu que a ética está presente em nossa vida como um todo? Você concorda que ela se torna cada vez mais imprescindível em nosso convívio pessoal, familiar e profissional?

Assim, abordaremos inicialmente os aspectos da ética mais ligados ao campo filosófico, para depois considerá-la num enfoque amplo e atual, abrangendo as relações de trabalho. Por último, apresentamos a proposta de uma nova ética.

Aspectos históricos da ética

Tanto Platão (Atenas, 427-347 a.C.) quanto Aristóteles (Macedônia, 384-322 a.C.) atribuem a Sócrates (Atenas, 470-399 a.C.) as primeiras reflexões sobre ética no Ocidente, embora o campo das ações éticas tenha sido definido por Aristóteles.

Segundo esses grandes pensadores, o foco da ética estava na educação do caráter humano visando conter seus instintos e orientá-los para o bem, de modo a adequar o indivíduo à sua comunidade. Dessa forma, a ética conciliava a personalidade do sujeito virtuoso com os valores do grupo social, que se esperava fosse igualmente virtuoso.

No âmbito da realidade há aspectos independentes de qualquer decisão humana, como o amanhecer e as estações do ano. Já dizia Aristóteles que a ética abrange apenas as ações que dizem respeito ao possível, àquilo que comporta deliberações ou escolhas humanas, à vontade guiada pela razão, que são os elementos fundamentais da vida ética.

O campo da ética e seus elementos

São três os elementos do campo ético: agente, virtudes e meios. Para preencher as condições essenciais, o agente deve ter consciência de si e dos outros, responsabilidade por suas ações e vontade própria para decidir, controlando instintos e paixões. Enfim, o agente deve ser livre para auto-afirmar-se, dando a si mesmo a regra, a norma, a lei e o gozo da liberdade.

Do ponto de vista das virtudes, a ética atual associa cultura e sociedade para definir o que seja mal ou bem, vício ou virtude, que são antagônicos. Aristóteles definia virtudes, resumidamente, como exposto no quadro 1.

Quadro 1

VIRTUDES E VÍCIOS POR EXCESSO E DEFICIÊNCIA

Virtude	Vício por excesso	Vício por deficiência
Coragem	Temeridade	Covardia
Temperança	Libertinagem	Insensibilidade
Prodigalidade	Esbanjamento	Avareza
Magnificência	Vulgaridade	Vileza
Respeito próprio	Vaidade	Modéstia
Prudência	Ambição	Moleza
Gentileza	Irascibilidade	Indiferença
Veracidade	Orgulho	Descrédito próprio
Agudeza de espírito	Zombaria	Rusticidade
Amizade	Condescendência	Enfado
Justa indignação	Inveja	Malevolência

Fonte: Chauí, 2000:348.

Para que a ética cumpra sua finalidade, é preciso analisar os meios utilizados no grupo que a instituiu, ou seja, no universo ao qual ela se destina. Dependendo desse universo, a ética se transforma para atender a novas exigências da sociedade e da cultura. Por exemplo, numa comunidade na qual a lealdade seja um valor, será considerado imoral empregar como meios a má-fé, a mentira ou a crueldade para atingir um fim.

Filosofia da moral e ciência da moral

Historicamente, a filosofia sempre foi o campo de estudo da ética, que por sua vez tinha, como foco a moral, o dever a cumprir, a qualificação do bem e do mal, visando à melhor conduta na coletividade.

Da ética filosófica, calcada na especulação racional, na teologia e no pensamento preocupado com a natureza, surgiu a ética científica, cuja contribuição mais importante é a constatação das diversas morais históricas, por vezes contraditórias e, em alguns grupos, coexistentes. A ética científica não julga nem prejulga, mas percebe os códigos de honra das comunidades. Portanto, a ética filosófica está voltada para a reflexão e a introspecção, enquanto a ética científica observa os fatos.

Srour (2000) também considera a ética nessas duas ramificações: filosófica e científica. A primeira, de caráter normativo, ocupa-se em prescrever princípios perenes e universalmente legítimos para a vida em grupos sociais. A segunda, de cunho analítico, procura explicar a existência de várias morais construídas e modificadas historicamente, em virtude da interação social dos agrupamentos humanos.

Definições da ética

Em seu *Diccionario Enciclopedico de la Psique*, Székely (1963:243) afirma:

> *De acordo com o conceito filosófico, a ética tem por objeto o exame e a explicação dos chamados feitos morais, tentando não somente descrevê-los, mas também explicar valores e condutas. (...) Erich Fromm sustenta que a ética é psicologia aplicada, por estar construída, segundo Aristóteles, sobre a ciência do homem. Uma ética humanista objetivista depende, portanto, do desenvolvimento de uma psicologia universal. (...) A ética nos ensina a formar um juízo sobre qualquer situação, para atuar (eticamente) correta e adequadamente.*

Para Vázquez (1985:12), ética é "a teoria ou a ciência do comportamento moral dos homens em sociedade". Segundo Silva (2002:328), a ética, "derivada do grego *ethikos*, é a ciência da moral".

A ética tem como foco o próprio comportamento, a ação humana, e não reações que dela decorrem. Assim, por exemplo, quando um colaborador desobedece às regras de sua organização, mesmo que seja para beneficiar um grande número de pessoas, que reagem positivamente, tal fato não é relevante, pois esse profissional será julgado por seu comportamento de rebeldia.

Portanto, a ética está voltada para a atuação do homem, tal como é ou deveria ser, podendo-se dizer que ela gera normas e regras com o intuito de orientar as condutas humanas em suas relações sociais e organizacionais.

Refletindo sobre a origem dos termos ética e moral, é interessante notar que ambos surgiram da palavra costume, que em grego é *ethos*, e em latim, *mores*. Os indivíduos aprendem costumes estabelecidos que, sendo muito anteriores a eles, representam condutas obrigatórias numa determinada comunidade.

Moral, moralidade, amoralidade e imoralidade

De acordo com Vázquez (1985:49), a moral é "um conjunto de normas, aceitas livre e conscientemente, que regulam o comportamento individual e social dos homens". Já Srour (2000:29) entende a moral como "um feixe de normas que as práticas cotidianas deveriam observar e que, como discurso, ilumina o entendimento dos usos e dos costumes".

A moral diferencia-se da ética por seu conteúdo explicativo, no âmbito de idéias que definem o certo e o errado, o justo e o injusto, o bem e o mal, e outros termos opostos que prescrevem e moldam as ações humanas. Assim, ao estudar as morais, a ética desdobra as possibilidades para as ações concretas dos indivíduos, confrontando-as com os modelos sociais vigentes.

A moral compreende normas e comportamentos, abrangendo as regras morais em si e suas práticas efetivas. A necessidade de diferenciar o teórico e o prático colocou a moral no patamar dos princípios e normas, enquanto a moralidade passou a significar a materialização das normas éticas nas relações sociais por meio de atos concretos (Vázquez, 1985). Assim, a moralidade entra em cena quando o indivíduo afeta os outros com suas ações ou decisões.

Por outro lado, a relação social é classificada como amoral quando não existe qualquer regra prévia para a prática de um ato específico ou quando este não atinge ninguém. Já imoralidade é "toda ofensa ou atentado ao decoro ou à decência pública, bem como todo ato de desonestidade ou de improbidade" (Silva, 2002:409).

Por exemplo, fazer exercícios físicos é uma ação amoral; mas, quando um líder aproveita a oportunidade para dar um exemplo de preservação da saúde para os liderados, a ação torna-se moral porque assume um caráter social positivo. Essa mesma ação passa a ser imoral caso o líder incentive o uso de substâncias estimulantes prejudiciais à saúde, já que isso é socialmente negativo (Srour, 2000).

Problemas morais e problemas éticos

Os problemas morais são relativos à prática e a cada situação específica, podendo afetar uma ou muitas pessoas. Já os problemas éticos envolvem reflexões teóricas sobre os problemas morais, são abrangentes e sempre atingem a comunidade como um todo. Por exemplo, a definição do que é bom é um problema ético. No entanto, estabelecer o que o indivíduo deve fazer numa determinada situação para ser considerado bom é um problema moral.

Assédio moral

De acordo com Hirigoyen (2000), o assédio moral é representado pela intenção de constranger ou desqualificar a pessoa ou o profissional, por meios verbais e não-verbais, com o objetivo de pôr em perigo seu emprego e a qualidade do ambiente de trabalho.

Essa conduta, nada recente, provoca desgaste psicológico, estresse e angústia, prejudicando o clima organizacional e a produtividade e gerando descaso, desconfiança e ausências freqüentes do trabalhador. Na Suécia, Leymann (apud Hirigoyen, 2000) pesquisou diferentes grupos profissionais e criou o termo psicoterror para designar o assédio moral.

Assim, o abuso de poder e a manipulação perversa são fenômenos que atestam essa guerra psicológica no local de trabalho. Eles começam com brincadeiras e terminam por humilhar as pessoas, colocando-as em situação de inferioridade.

Agressões e ofensas, sem justificativa ou pedido de desculpas, vão aos poucos destruindo a pessoa atingida. E se os demais não interferirem, o problema tende a se agravar. A vítima pode reagir de várias formas, seja manifestando apenas medo ou até comportamentos patológicos. Quase sempre a solução adotada é a transferência para outro posto de trabalho, sem que se consulte o interessado. Essa perseguição e esse tormento acabam por comprometer o desempenho do indivíduo, dando até mesmo motivo para sua demissão.

O assédio moral nas organizações deriva de fatores como inveja, preconceitos, estereótipos, crenças religiosas antagônicas, diferentes formações profissionais, desníveis sociais, antipatias e conflitos interpessoais. Assim, dependendo da situação e dos valores, qualquer indivíduo pode vir a se tornar um agressor. A primeira providência para resolver os conflitos interpessoais deveria ser tomada pelos superiores, que muitas vezes deixam de fazê-lo por não saber como lidar com essas situações ou por indiferença.

Raramente um superior é agredido por subordinados, mas isso pode acontecer quando ele é novo na empresa e assume posturas não aceitas pelos colaboradores, relutando em adaptar-se à realidade vigente. Dá-se o mesmo quando um dos integrantes da equipe é convidado a assumir a gestão, sem consulta prévia aos demais.

O assédio moral numa organização se manifesta em diferentes situações, a maioria delas envolvendo ruídos de comunicação. Eis alguns exemplos:

- desqualificação do elemento por meio de comunicação não-verbal;
- recusa à comunicação direta;
- descrédito por meio de insinuações sobre sua incompetência;

- isolamento, fazendo-o crer que todos estão contra ele;
- afronta, confiando-lhe tarefas inúteis;
- indução ao erro, para poder acusá-lo em seguida;
- assédio sexual, que não é senão outra forma de perseguição moral.

Solução ética dos problemas

Para dar uma solução ética a qualquer problema, em primeiro lugar é necessário que as decisões tomadas se baseiem em normas éticas. Um problema não terá solução ética se os dados que permitiram identificar suas causas tiverem sido roubados ou adquiridos de forma ilícita. Em segundo lugar, é fundamental obedecer ao princípio do bem comum, respeitando os limites da lei e preservando o interesse da comunidade.

As organizações não podem ser prejudicadas pelas decisões tomadas por seus empregados. A solução de preservar o bem comum pode ser produto do senso ético, mas causar prejuízo à organização. Por exemplo, o gerente que desvia recursos alocados para a produção industrial com o objetivo de investir na saúde dos colaboradores pode estar contribuindo para a deterioração das condições materiais daquela segurança e, logo, para aumentar os riscos de acidentes. Fica assim a organização exposta aos rigores da lei e a danos em sua imagem perante os demais colaboradores e a comunidade em geral.

Teorias éticas

Entre as várias abordagens da ética, destacamos aqui duas contribuições de Max Weber: a ética da convicção e a ética da responsabilidade, resumidas no quadro 2.

Quadro 2

Teorias éticas

Teoria	Ética	Abordagem	Fundamentos	Justificação
Deontologia (deveres)	Convicção	❑ Princípio ❑ Esperança	❑ Leis morais ❑ Ideais	❑ Normas universais ❑ Valores universais
Teleologia (fins)	Responsabilidade	❑ Finalidade ❑ Utilitarista	❑ Propósitos ❑ Conseqüências	❑ Bondade dos fins ❑ Máximo bem para o maior número de pessoas

Fonte: Srour, 2000:281.

Ética da convicção

Segundo Srour (2000:280), a ética da convicção está fundamentada no cumprimento do dever, e as ações praticadas se respaldam em normas e valores previamente estabelecidos. Essa ética é deontológica (do grego *deón*, "dever"): "estudo dos princípios e fundamentos da moral, ou tratado dos deveres". Esse tipo de ética tem duas ramificações: a do princípio e a da esperança. A primeira orienta-se pela obediência às normas morais, pelo respeito às regras, haja o que houver. A segunda é guiada por valores, por ideais baseados na fé incondicional, e sua máxima principal é: o sonho antes de tudo. Em ambos os casos, não importam os efeitos ou conseqüências das decisões tomadas.

Nas organizações, a ética da convicção está presente em todos os momentos porque se exige obediência absoluta à legislação, às normas e regras escritas ou mesmo aos costumes consagrados pela prática. Esse esforço organizacional para fazer cumprir as regras, haja o que houver, induz os funcionários à busca da eficiência. Desenvolve-se assim a ética da convicção porque as atenções estão voltadas para como fazer as coisas, ou seja, para o processo. Em caso de descumprimento das normas e diretrizes burocráticas, há punições previstas em diversos graus.

Por outro lado, para ser promovido o funcionário passa a ter um sonho antes de tudo: cumprir fielmente as regras. Tem-se aí a combinação perfeita para produzir um colaborador aparentemente insensível aos efeitos de suas ações sobre o cidadão. Na verdade, ocorre o contrário: ele é absolutamente sensível, só que aos efeitos negativos que os seus atos possam causar em si próprio. Assim, impera a satisfação do interesse do colaborador: não ser punido para poder alcançar promoções.

Ética da responsabilidade

A ética da responsabilidade é teleológica (do grego *télos*, "fim"): "estudo dos fins humanos, em que a obrigatoriedade de uma ação deriva de sua finalidade ou de suas conseqüências prováveis" (Srour, 2000:280). Essa teoria abraça a idéia de que o indivíduo se torna responsável por aquilo que faz. Ele considera os possíveis impactos de seus atos e se decide pelos que possam trazer mais resultados positivos para a comunidade. A palavra de ordem é: o maior benefício para a comunidade — ou, dos males, o menor.

Nesse contexto, reveste-se de importância a discussão do papel do poder público diante dos avanços científicos verificados nos últimos 40 anos, especialmente a engenharia genética, os transplantes de órgãos e a agricultura transgênica.

Aqui também cabem duas vertentes: a utilitarista e a da finalidade. A primeira busca garantir que as decisões gerem o máximo de benefício para a maior quantidade possível de pessoas. Como se pode perceber, há uma tentativa de combinar eficácia com senso de justiça. Já a vertente da finalidade preconiza o cumprimento dos objetivos a qualquer preço, pressupondo que a bondade dos fins justifica os meios utilizados.

Código de conduta

Dada a necessidade de delimitar os campos e as formas de atuação de seus colaboradores e parceiros, as organizações vêm procurando elaborar códigos de conduta. No Brasil, esses códigos começaram a difundir-se a partir da década de 1990. Comparando os códigos de conduta de 17 organizações brasileiras, Arruda (2002) constata, entre outros tópicos, a valorização das condutas corretas e a tentativa de reprimir ações ilícitas e comportamentos danosos que possam dificultar o bom relacionamento com os vários públicos, além da preocupação com as leis vigentes relacionadas ao trabalho, à sociedade e ao ecossistema.

Segundo Manhães Moreira (2002:33), "o código de ética tem a missão de padronizar e formalizar o entendimento da organização empresarial em seus diversos relacionamentos e operações. A existência do código de ética evita que os julgamentos subjetivos deturpem, impeçam ou restrinjam a aplicação plena dos princípios".

De maneira geral, os códigos de conduta criam normas que dizem respeito ao governo, aos acionistas, clientes, fornecedores, empregados e concorrentes, bem como à propaganda e à comunidade.

Uma vez elaborado um código de conduta, torna-se necessário fiscalizar o seu cumprimento, para evitar que caia em desuso. Entende-se que tal fiscalização envolve:

- o cidadão, que deve exigir do servidor público e do empregado do setor privado um comportamento ético exemplar, denunciando quaisquer desvios às autoridades responsáveis pela fiscalização; é fundamental que o público não se renda às dificuldades porventura criadas com o objetivo de vender facilidades, até porque só há corruptos quando existem corruptores;

- o servidor público e o empregado do setor privado, que devem primar pelo alto padrão ético, buscando a moralização na prestação de serviços à sociedade; também é de se esperar que o servidor e o empregado fiscalizem as ações de seus colegas e superiores;
- um instrumento para analisar e julgar denúncias de comportamentos aéticos, sem o que de nada adianta fiscalizar servidores e empregados, tanto mais que a atual tendência é ampliar os níveis de delegação de poderes.

O código de ética ou de conduta estabelece regras permanentes para pautar o comportamento de indivíduos e grupos que não raro atuam em diferentes regiões geográficas, imprimindo-lhes assim uma orientação comportamental única. A isso deve-se acrescentar que o comprometimento das pessoas com os objetivos organizacionais é uma exigência ética, razão pela qual não se pode deixar de perceber a força integradora das normas éticas nas organizações.

Portanto, é imprescindível a criação de conselhos de ética para, uma vez exercido o amplo direito de defesa, julgar e punir os que não adotem uma linha de conduta ética.

Segundo Ferrell (Ferrell et al., 2001), tem havido tentativas de formular um conjunto de padrões éticos universal. Na Suíça, líderes empresariais europeus, norte-americanos e japoneses reuniram-se em Caux para elaborar um código internacional de ética respaldado num conjunto de valores compartilhados mundialmente, tais como: veracidade, integridade, eqüidade e igualdade. Esse código internacional de ética é constituído de 13 princípios que abrangem as mais variadas interfaces das organizações:

- responsabilidade das empresas;
- impacto social e econômico das empresas;
- conduta empresarial;
- respeito às regras;
- apoio ao comércio multilateral;
- respeito ao meio ambiente;
- prevenção de operações ilícitas;
- relações com clientes;
- direitos e deveres dos colaboradores;
- agregação de valor para proprietários e investidores;
- parceria com fornecedores;
- práticas com relação à concorrência;
- inserção da comunidade nas decisões empresariais.

Examinando as leis de diversos países, conclui-se que muitos dos valores mencionados no código proposto já foram nelas incorporados, pois há direitos e responsabilidades a serem respeitados no mundo dos negócios.

Por exemplo, a fraude tem uma definição universal. No entanto, várias indústrias foram prejudicadas pelo uso indevido de suas marcas registradas. Segundo um diretor da Associação Internacional de Marcas Registradas, esse "é um dos crimes econômicos em mais rápido crescimento e de maiores conseqüências em todo o mundo" (Ferrell et al., 2001:194).

Isto posto, faz-se necessário dar continuidade aos esforços para promover melhores práticas universais e programas éticos mais rigorosos.

Ética e credibilidade

As organizações que criam um clima transparente, de confiança e respeito mútuo, possuem recurso valioso para gerar credibilidade interna e externa e incentivo para o sucesso. É vantajoso para a empresa ser considerada ética, pois tal reputação produz um efeito positivo poderoso sobre suas relações com as partes interessadas.

Clima moral

Quando uma organização cria e sustenta um clima moral, seus colaboradores têm melhor desempenho e se mostram mais satisfeitos. Estudo recente realizado pela Sears avaliou a relação entre as seguintes variáveis: resultado geral da empresa, satisfação dos clientes e atitudes dos colaboradores no trabalho. Os resultados demonstraram que a satisfação dos colaboradores contribuiu para a satisfação dos clientes, o que por sua vez se reflete na satisfação dos investidores (Ferrell et al., 2001).

O desempenho da empresa está diretamente ligado aos programas éticos. Todavia, sua implementação ainda encontra muita resistência, devido aos seus custos e às incertezas quanto aos seus resultados. Mas o fato é que, assim como os clientes procuram empresas íntegras e confiáveis, que ofereçam produtos a preços justos e compatíveis com o mercado, também os fornecedores privilegiam as organizações com as quais possam manter relações duradouras. Segundo Stephen Covey (apud Ferrell et al., 2001:217), "quando é baixa a confiança, a empresa entra em decadência, os relacionamentos se deterioram, disso resultando manobras políticas, lutas internas e ineficiência geral. Caindo o cumprimento de padrões morais, fraqueja a lealdade do empregado à empresa, declina a qualidade dos produtos, os consumidores vão embora e a rotatividade de pessoal aumenta muito".

Controle moral interno

Os instrumentos de controle interno dizem respeito aos valores morais que devem ser cultivados pelos colaboradores e pelos quais eles se devem orientar.

Controle moral externo

Os instrumentos utilizados para exercer o controle moral externo são os códigos e regulamentos administrativos que regem a conduta de servidores públicos e empregados da iniciativa privada. Por exemplo, estão regulamentados o recebimento de doações, o uso de recursos de qualquer natureza da empresa, a resolução de conflitos de interesse e o estabelecimento de outros vínculos empregatícios. O Código Penal define as punições para crimes como suborno, extorsão, desfalque etc.

Amplitude do controle moral

Segundo Srour (2000), o controle moral, tanto interno quanto externo, tem sob sua alçada todo comportamento que implique:

- malversação de fundos públicos ou privados e tráfico de influência;
- prejuízo do interesse público ou coletivo, em favor do interesse pessoal;
- violação dos direitos civis individuais ou da dignidade humana.

Proposta de uma nova ética

Claramente inspirado em Prigogine (1991), afirma Araújo (2001:98), que "precisamos de um novo paradigma de reencantamento pela natureza e de compaixão pelos que sofrem; uma nova ternura para com a vida e um sentimento autêntico de pertença amorosa à Terra".

O crescimento ilimitado e acumulativo que prioriza determinados grupos sociais tem-se mostrado um modelo ineficaz e até pouco racional e inteligente para um convívio pacífico de todos. Tal desigualdade denota indiferença e desrespeito para com o outro e a natureza. Urge conceber uma ética que valorize o equilíbrio, a harmonia, o respeito a todos os seres, uma ética justa, livre e igualitária, que não privilegie o domínio do ser humano, investido de responsabilidade por seus atos com relação a tudo que vive.

É preciso despertar para a unicidade universal e a responsabilidade com relação ao planeta, visando à construção de um novo etos que enfatize o convívio dos homens entre si e com os demais seres, de forma amorosa, respeitosa e harmônica.

Essa convivência inteligente entre os seres e o meio vem sendo há muito discutida por vários autores, mas a mudança de comportamento tem sido tão lenta! Será que há tempo suficiente para desfazer os estragos já causados?

A hora e a vez da ética ecocêntrica

Diz Araújo (2001:102):

> *A ética ecocêntrica levar-nos-á a integrar o equilíbrio dinâmico, na teia das relações globais, numa perspectiva de manutenção do todo, lastreada na co-responsabilidade. Faz-se necessário criar um mínimo de consenso fundamental, tendo em vista a convivência ecológica de toda a criação.*
>
> *A ética ecocêntrica deverá ter como conteúdo central a preservação e reprodução da vida, uma ética que suscite atitudes e forme o caráter dos agentes humanos, com uma conscientização ecológica cultural e com a transformação da sensibilidade pela vida. Só uma personalidade moral, configurada em atitudes de sensibilidade ecológica e reforçada por uma cultura ética correspondente, tem força para fazer frente à cultura do consumismo, do desperdício, da indiferença diante da natureza. Por isso deve existir um contínuo intercâmbio entre a ética ambiental e o saber ecológico.*

O autor defende o ser humano ecóico, em substituição ao ser humano egóico. Para este último a vida é uma realidade de auto-suficiência, na qual o indivíduo se basta. Já a proposta do modelo ecóico pressupõe uma fraternidade cósmica, na qual todos os seres animados e inanimados serão respeitados em suas individualidades e missões particulares.

Numa perspectiva holística, valorizar-se-ão a harmonia e a cordialidade, desenvolvendo-se novas práticas políticas e econômicas mundiais para que o universo se utilize de seus limitados recursos. Pode-se assim vislumbrar a permanência do ser humano em seu *habitat*. Mas para tanto deve haver um compromisso muito maior, baseado num profundo amor e respeito aos seres vivos, e especialmente à Terra.

Exercitando conceitos

Após a leitura deste capítulo, que reflexões você faria a respeito:

- da utilidade da ética em sua vida profissional?
- do assédio moral e suas repercussões?
- da importância de uma postura ética organizacional?

4

Comunicação

Um problema muito comum em todas as empresas certamente é a comunicação, ou melhor, a falta de comunicação. Neste capítulo veremos por que são tão freqüentes as falhas nessa área.

Importância da comunicação

A conscientização da real importância do cliente para os negócios da empresa trouxe como desejável conseqüência a valorização da comunicação em todas as suas formas e níveis, tendo surgido uma nova área — marketing interno — para cuidar das estratégias relacionadas à comunicação interna.

Longe de ser um processo unilateral, a comunicação é sobretudo um exercício de mútua influência, a partir da transmissão de informações, idéias ou emoções de uma parte para outra utilizando códigos compartilhados pelo emissor e o receptor, como mostra a figura 3.

Figura 3

Principais elementos do processo de comunicação

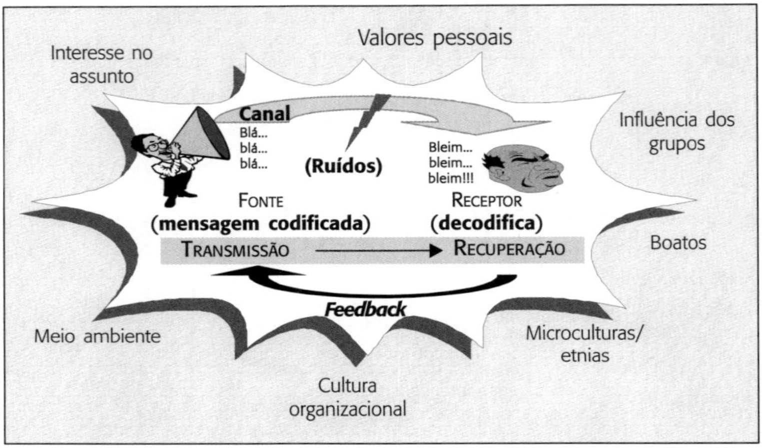

O emissor (fonte) inicia o processo enviando ao receptor uma mensagem codificada através de algum canal. Na outra ponta, o receptor decodifica a mensagem e dá *feedback* ao emissor enviando-lhe outra mensagem. Segundo Rego (1986), a mensagem enviada pelo emissor enfrenta uma verdadeira corrida de obstáculos, à medida que vai vencendo os seguintes processos mentais do receptor:

- seleção — entre dezenas de outras, a mensagem pode vir a ser selecionada por uma série de motivos: formato, tom de voz usado pelo emissor, interesses pessoais etc.;
- avaliação — a mensagem deve estar usando um código ou linguagem acessível e ter alguma conexão com os valores e opiniões do receptor;
- interpretação — selecionada e avaliada, a mensagem deve ser decodificada, processo que pode ser prejudicado pela falta de clareza, preconceitos etc.;

- decisão de uso — segundo Davis e Newstrom (1992), o receptor se reserva o direito de usar, descartar, guardar ou transferir a mensagem, decisões que normalmente fogem ao controle do emissor.

Como se vê, diante de tantas dificuldades, não é de admirar que a idéia inicial acabe chegando distorcida ao seu destino final ou mesmo nem chegando.

Ouvir ativamente

Ouvir ativamente é uma capacidade pouco desenvolvida. Segundo Nichols e Stevens (apud Argyris et al., 1999), mesmo enquanto ouvimos alguém falar muito depressa (125 palavras por minuto), nosso cérebro guarda espaço para processar muito mais informações. É o uso — ou mau uso — desse espaço que determina a eficácia da recepção da mensagem: o ouvinte passa a antecipar-se, tentando prever o que será dito a seguir e até tirar conclusões de modo a reforçar suas próprias opiniões. Ele analisa o que está sendo dito, resume mentalmente o que escutou antes e ainda presta atenção nas entrelinhas, especialmente na comunicação não-verbal, e tudo isso ao mesmo tempo!

Os autores mencionam igualmente o papel das emoções como filtro da audição, ou seja, a tendência da pessoa para aceitar aquilo que deseja ouvir, independentemente do fato de ser verdade, meia-verdade ou ficção.

Comunicação e dissonância cognitiva

Muitas dessas dificuldades na assimilação da mensagem podem também ser explicadas pela chamada teoria da dissonância cognitiva de Festinger (apud Rego, 1986), segundo a qual as pessoas tendem a evitar que a estrutura de seu pensamento seja incoerente com sua ação, ativando sempre algum mecanismo que elimine ou reduza esse desequilíbrio. É o caso, por exemplo, do fumante diante de um novo artigo sobre os malefícios do cigarro: ou ele ignora o artigo (seleção), ou lê mas o interpreta a seu modo (interpretação), ou lê e decide largar o cigarro (avaliação e decisão), estabelecendo novo patamar de equilíbrio. Ou seja, nas três situações, o fumante buscou sempre preservar a coerência entre o seu pensamento e sua ação.

Mas, o que se pode fazer para melhorar a comunicação? É simples! Basta observar algumas conseqüências óbvias dessa busca do equilíbrio:

- as pessoas que não têm opinião formada sobre algo são mais influenciáveis, e isso aumenta as chances de a mensagem ser aceita sem restrições;
- entre uma mensagem que corrobora a opinião que já temos sobre o assunto e outra que contrarie essa opinião, tendemos a escolher a primeira;
- as pessoas se interessam mais por uma mensagem quando nela percebem uma vantagem de ordem pessoal; logo, toda mensagem deve sugerir esse tipo de ganho;
- as emoções ajudam a gravar mensagens na memória; como o modelo mecanicista-burocrático não enfatiza esse lado, a precariedade dos processos de comunicação dentro das organizações não deve causar tanta surpresa;
- as pessoas tendem a aprender agregando informações novas às experiências passadas, o que facilita a memorização da mensagem; os primeiros automóveis, por exemplo, eram chamados de carruagens de ferro.

As mensagens que envolvem experiências concretas, tais como testes, provas e simulações, chegam a atingir 90% de retenção, índice que vai decrescendo à medida que os recursos se reduzem somente a símbolos verbais, visto que a audição retém somente 20% da mensagem. Essa hierarquia mostra que a mensagem será mais facilmente gravada quanto mais concreta for para o receptor — princípio que deveria ser mais enfatizado na educação de adultos.

Mas será que essa mensagem foi gravada, tal como o emissor imaginou? É claro que não, pois inúmeras barreiras presentes no emissor, no receptor e no ambiente podem ter diminuído a sua eficácia.

- Barreiras presentes no emissor:
  - uso de linguagem e símbolos inadequados, diferentes significados, escolha de canal;
  - características pessoais, como timidez, impaciência etc.;
  - tom de voz inadequado ou comunicação não-verbal incoerente;
  - escolha de momento impróprio para transmitir a mensagem;
  - suposição de que o receptor já domina o assunto a ser tratado.

- Barreiras presentes no receptor:
  - desatenção, impaciência ou pressa;
  - tendência a avaliar e julgar — uma das barreiras mais fortes, segundo Rogers (apud Argyris et al., 1999);
  - preconceitos e valores pessoais em dissonância com o conteúdo da mensagem;
  - pré-conclusões sobre as reais intenções do emissor; desconfiança;
  - resistência a aceitar a mensagem por excesso de autoconfiança.

- Barreiras presentes tanto no emissor quanto no receptor:
  - pouca disponibilidade de tempo — talvez a barreira mais presente no nível gerencial;
  - interesse em distorcer a mensagem; clima hostil e falta de franqueza;
  - diferenças na hierarquia dos cargos e nos níveis culturais.
- Barreiras presentes no próprio ambiente:
  - inadequação do canal escolhido;
  - distrações, ruídos, leiaute do ambiente, interrupções freqüentes.

Há de se considerar ainda o que Davis (Davis e Newstrom, 1992:9) chama de "mensagens lamentáveis", ou seja, quando o emissor, consciente ou inconscientemente, acaba se expressando através de insultos estereotipados, críticas sarcásticas, informações prejudiciais (boatos) ou ataques pessoais, só conseguindo granjear antipatias. Essa é a anticomunicação!

Comunicação e técnicas de apresentação

No mundo dos negócios, dominar certas técnicas de apresentação pode representar uma enorme diferença, pois de nada vale ter grande conhecimento se não se souber transmiti-lo a outros. Pesquisa realizada em Harvard (apud Geisler, 2000) revela, porém, que o maior medo das pessoas é exatamente falar em público. Assim, numa apresentação, convém seguir um plano de ação: O quê? Quem? Onde? Quanto tempo? Como?

O quê? Objetivos da apresentação

Definir os objetivos da apresentação ajuda a escolher os itens a serem abordados, o nível de detalhamento, as técnicas e os recursos que darão melhores resultados.

Quem? Público

Cada tipo de público exige uma preparação diferente, considerando a formação, os conhecimentos, o nível sociocultural, o grau de interesse e o tamanho da platéia. Assim evita-se a audição seletiva.

Onde? Local da apresentação

Fatores ambientais, como tamanho do recinto, disposição dos lugares, conforto, acústica, visibilidade e recursos audiovisuais influem no sucesso da apresentação.

Quanto tempo? Duração

O tempo preestabelecido é a variável que determina o grau de profundidade da abordagem e o envolvimento do público. Segundo Hindle (2000), outro fator a considerar é a chamada "curva de atenção": numa apresentação de uma hora, o interesse pode chegar a 100% nos primeiros 10 minutos, cair para 20% nos 30 minutos seguintes e voltar a crescer nos 10 ou 15 minutos finais. Essa curva mostra a importância de uma boa introdução, do uso de recursos adequados para prender a atenção durante a exposição do tema central e de uma boa conclusão.

Como? Estrutura da apresentação

Polito (1998) identifica quatro partes essenciais:

- introdução — inclui a saudação (mais ou menos informal, conforme o evento) e o uso de algum recurso, como por exemplo uma apreciação positiva sobre o público, uma pergunta, uma citação, o relato de uma experiência pessoal ou de um fato pitoresco etc. Motivar a participação através de um teste com figuras ou exercícios sinestésicos também dá bons resultados;

- proposição — tão logo estejam todos atentos, o orador deve resumir, em duas ou três frases, o tema de sua apresentação, os tópicos a serem abordados e até mesmo as conclusões e propostas de ação, de modo a facilitar o acompanhamento por parte do público;
- tema central — este deve ocupar de 70% a 80% do tempo disponível. Podem-se apresentar os fatos cronologicamente ou segundo determinado aspecto (econômico, social, político), recorrendo a dados estatísticos, exemplos, comparações ou citações para fins de persuasão;
- conclusão — não ocupar mais que 10% do tempo da apresentação. Para despertar a atenção e aumentar a expectativa das pessoas, pode-se recorrer a gestos e mudanças no tom de voz, fazendo uma breve recapitulação dos principais tópicos. Segundo Polito (1998), a maioria dos expedientes sugeridos para iniciar a apresentação pode ser também utilizada no encerramento.

Comunicação interpessoal

A comunicação interpessoal face a face é considerada a mais completa de todas, visto que propicia uma troca instantânea, *feedback* em caso de eventuais dúvidas e várias pistas que vão muito além das palavras: gestos, expressões faciais, tom de voz etc. No entanto ela é sofrível nas empresas, como se pode constatar em contatos pessoais, reuniões, apresentações, negociações e outros fatos do dia-a-dia organizacional.

Quando duas ou mais pessoas interagem numa relação que envolva informações e significados (e estes são praticamente impossíveis de descrever via e-mail), a comunicação que se estabelece entre elas visa a algum dos objetivos seguintes:

- informar, esclarecer e tirar dúvidas sobre determinado assunto;
- gerenciar pessoas e avaliar desempenhos e situações;
- ensinar algo e mostrar apoio e compreensão;
- influenciar e provocar a motivação nas pessoas;
- persuadir, convencer e negociar melhores condições.

O cumprimento desses objetivos depende, entre outras coisas, dos processos mentais e da eliminação das barreiras, como a posição hierárquica ou o sexo das pessoas envolvidas, pois recentes pesquisas de Lobos (2002) sobre o comportamento das mulheres executivas brasileiras mostram que, enquanto os homens são mais diretos, racionais e se impõem mais, as mulheres são mais questionadoras, querem conhecer os antecedentes em detalhes, demonstram emoção, ouvem mais e oferecem ajuda com mais freqüência. Explorar essas características de cada gênero certamente faz aumentar a aceitação das mensagens trocadas dentro das organizações.

Comunicação e assertividade

O modo como a pessoa se expressa em seus contatos com os demais é revelador de suas atitudes. Assim, quando ela sussurra e olha para o chão, pode estar transmitindo uma imagem de passividade e falta de iniciativa. Já quando fala antes dos outros, usando um tom de voz mais alto e gesticulando com desenvoltura, ela mostra sinais autoritários em sua comunicação interpessoal, podendo provocar rejeição da outra parte.

Entre esses dois extremos encontra-se a chamada comunicação assertiva eficaz, através da qual o emissor expressa o que pensa e sente, mas sem melindrar os outros. Como recursos, ele alterna o tom e ritmo da voz e se mostra mais incisivo, abordando os assuntos de forma clara e objetiva. Sua postura corporal é como uma metáfora da dominância, a qual se traduz num firme aperto de mão e no tronco ereto.

Canais de comunicação verbal e não-verbal

Quando se fala com alguém, inevitavelmente se faz uso tanto do chamado canal verbal quanto do não-verbal. Contudo, pesquisas revelam que somente 7% da comunicação interpessoal podem ser traduzidos por palavras, pois 38% provêm da inflexão da voz, enquanto os restantes 55% resultam da expressão facial e da linguagem corporal.

O curioso é que, desde cedo, as crianças são ensinadas a controlar sua expressão verbal, mas não a sua comunicação não-verbal. O problema é que somente quando as palavras e as emoções convergem para um mesmo significado é que a comunicação se torna realmente eficaz e completa.

Assim, as mensagens não-verbais podem enriquecer o contato interpessoal, dando-lhe credibilidade. E, ao procurar transmitir mensagens positivas, o emissor causa melhor impressão, parecendo mais confiante e sereno, graças à harmonia entre a expressão facial, o olhar, a postura e a gesticulação. A figura 4 mostra exemplos de mensagens não-verbais positivas e negativas.

Figura 4

COMUNICAÇÃO NÃO-VERBAL

Mensagens	
Positivas	Negativas
FACIAL	
Sorriso	Lábios apertados
Boca relaxada	Músculos da face tensos
Alerta	Sorriso formal
Pronto para ouvir	Sobrancelhas levantadas
OLHOS	
Pupilas dilatadas	Olhar para baixo
Bom contato visual	Falta de contato visual
Olhos bem abertos	Olhar apertado
CABEÇA	
Ereta	Balançar para a frente e para trás
Afirmar com a cabeça	Cabeça caída, curva

Mensagens	
Positivas	Negativas
POSIÇÃO DO CORPO	
Braços abertos	Braços cruzados
Ereto	Pernas cruzadas inadequadamente
Para a frente	Ombros caídos
GESTICULAÇÃO DAS MÃOS	
Mãos abertas	Tamborilar os dedos
Erguidas	Esconder a boca
Mão no peito	Estalar os dedos
Toques	Punhos cerrados

Fonte: Osborne, 1999:51.

Evidentemente, cada pessoa tem um conjunto de expressões não-verbais muito peculiares, incluindo alguns cacoetes. Resta saber se os demais identificam corretamente a mensagem que elas contêm.

E surge um novo tirano: o e-mail

Com os avanços da tecnologia da informação, vários conceitos, práticas e paradigmas relacionados à comunicação entre pessoas e grupos tiveram que ser drasticamente reformulados. Figuras como o mensageiro e a secretária-estenógrafa já fazem parte do passado. Curiosamente, apesar dos aparatos tecnológicos que hoje permitem a comunicação em tempo real, as pessoas continuam se queixando, quer da avalanche de e-mails para ler, responder e deletar, quer de solidão. Assim, a cultura do e-mail, se por um lado facilita a comunicação a distância, por outro cria uma pressão constante sobre o indivíduo e um afastamento entre pessoas, além de poder tornar-se uma fonte de mal-entendidos.

Para evitar inconvenientes no uso do correio eletrônico, algumas regras básicas já vêm sendo adotadas pelas empresas. Por exemplo:

- texto enxuto e objetivo — dado o acúmulo de mensagens, as pessoas acabam fazendo uma espécie de leitura transversal dos textos mais longos, o que gera perdas na recepção da mensagem; assim, as informações mais importantes devem estar no primeiro parágrafo;
- texto enviado a muitos destinatários — a mensagem pode ser relegada a segundo plano, dentro do critério de que o envio de cópia serve apenas para se tomar conhecimento; a única exceção seria uma circular com vários destinatários;
- *spams* e piadas — as pessoas que insistem em enviar sucessivas mensagens sem importância ou fora de contexto podem comprometer seriamente a própria imagem profissional;
- correntes — é no mínimo indelicado passar adiante correntes que prometem milhões de reais ou que encerram ameaças, somente admitindo-se aquelas que envolvam causas sociais e humanitárias — por exemplo, crianças desaparecidas; muitas empresas estão centralizando essa distribuição na área de comunicação social, a fim de evitar o uso indevido da sua rede;
- e-mail profissional *versus* particular — algumas empresas já estão impondo uma separação entre esses dois canais, para evitar futuros problemas com relação ao sigilo pessoal e empresarial;
- agressividade potencial — mesmo sem intenção, a linguagem escrita pode magoar muito mais as pessoas do que a linguagem oral. Portanto, cuidado com os "punhais escritos";

- ansiedade pela resposta — ao contrário do Japão, onde a ausência de resposta significa concordância com a mensagem, aqui isso é considerado falta de interesse;
- privacidade zero — assim como um cartão postal, o correio eletrônico pode ser facilmente devassado por terceiros; hoje as empresas já incluem cláusulas de concordância nos contratos de trabalho ou empregam softwares que rastreiam palavras-chave, tais como sexo, pedofilia;
- maledicências e sarcasmos — é bom lembrar que a mensagem pode ser indevidamente encaminhada a terceiros que decerto não aprovarão o seu conteúdo.

Como se vê, a tecnologia da informação trouxe oportunidades e ameaças no bojo da comunicação instantânea. Mas, sobretudo em momentos difíceis, nada substitui a sensação de apoio que a presença física de alguém pode nos transmitir, mesmo que nada seja dito.

Canais de comunicação formais e informais

Canais formais são aqueles que permitem que as informações circulem pela cadeia de comando da organização segundo os fluxos indicados no organograma, garantindo assim eficiência e coordenação. Conforme sua direção, os canais formais podem ser:

- descendentes — partindo dos níveis mais elevados até chegar ao nível operacional; esse fluxo é responsável pela implementação das estratégias organizacionais e inclui instruções de trabalho, mensagens, reuniões e mecanismos de *feedback*;
- ascendentes — são as informações que partem do nível operacional e chegam ao topo em forma de sugestões de melhorias, pesquisas de clima organizacional, relatórios e infor-

mações contábil-financeiras; esse fluxo vem sendo gradativamente desobstruído por práticas mais informais de gerenciamento, tais como reuniões a portas abertas, uso autorizado do *bypass*, café da manhã com o presidente da empresa e outras que já fazem parte das estratégias de marketing interno, até porque novos públicos internos vêm sendo incorporados às estratégias organizacionais (terceirizados, franqueados, estagiários, aposentados, famílias dos funcionários, sindicatos);

- horizontais — com a finalidade de dar suporte e coordenação, as mensagens são trocadas lateralmente, num mesmo nível, ou em diagonal, alcançando diferentes áreas; reuniões interdepartamentais, equipes de projetos e forças-tarefas são alguns dos mecanismos por onde circula a informação nesse tipo de fluxo.

A comunicação informal, por seu turno, está inserida em outros tipos de estrutura, como os grupos que se reúnem para almoçar, o quadro das secretárias (que geralmente formam o *networking* mais bem informado, apesar da discrição), o pessoal do futebol e outros. Também são considerados contatos informais os giros que os dirigentes dão pela empresa, trocando idéias com colaboradores de todos os níveis, prática que traz excelentes resultados em termos de motivação.

Porém o mais conhecido dos canais informais é a "rádio-corredor", fruto de manifestações espontâneas e que serve para propagar rumores, boatos e outras notícias em geral alarmantes. Evitando intrometer-se em demasia, o gestor deve estar sempre atento ao que circula nessa rede para poder desmentir eventuais informações sem fundamento ou esclarecer pontos obscuros.

Aumentando a eficácia das reuniões de trabalho

Para melhorar o desempenho de grupos e equipes, além da definição do conteúdo (problemas, objetivos etc.), há outros processos ou funções que nada mais são do que um exercício de comunicação. Assim, compete a todos — especialmente ao líder — criar espaço nas reuniões para que essas funções sejam implementadas de forma eficaz e compartilhada, aumentando o comprometimento geral com os resultados a serem alcançados.

Essas funções ou processos — que devem basear-se na comunicação — dizem respeito à forma pela qual as discussões serão conduzidas pelo grupo e dividem-se em dois níveis: tarefas e relacionamentos, discriminados a seguir.

- Ênfase em tarefas — são ações assertivas, visando cumprir eficientemente os objetivos da reunião:
  - iniciar a ação — definir objetivos, estimular o início do trabalho;
  - buscar informações e opiniões — pedir pareceres, citar exemplos;
  - dar informações e opiniões — mostrar dados coletados, indicar pontos relevantes;
  - esclarecer e elaborar idéias — tirar dúvidas, relacionar alternativas, acrescentar algo às idéias de terceiros;
  - resumir — mostrar pontos em comum, ordenar as idéias, indicar alternativas;
  - avaliar e medir o progresso das discussões — estabelecer um tempo para a discussão, comparar;
  - testar pelo consenso — obter o comprometimento de todos com a decisão, verificar desacordos.

- Funções de relacionamento — são ações que visam a manter um relacionamento construtivo entre todos:
  - controlar a participação — dar oportunidade a todos, eliminar excessos;
  - ouvir atentamente — extrair os principais pontos apresentados, dar atenção a quem fala, ser cordial, gesticular amigavelmente;
  - estabelecer e manter padrões — sugerir regras, retomar itens da agenda, chamar a atenção para infrações;
  - harmonizar — encontrar pontos comuns, buscar o entendimento, desfazer tensões;
  - encorajar a participação — solicitar comportamentos produtivos, elogiar o andamento, estimular as novas propostas;
  - dar *feedback* — apontar desvios, mostrar como o comportamento de alguns pode estar afetando o andamento do trabalho, apresentar fatos;
  - receber *feedback* — aceitar críticas, incentivar os demais a avaliarem o seu comportamento.

Como se vê, desfazer a imagem negativa de que as reuniões são perda de tempo é só uma questão de usar de forma adequada e compartilhada as funções de tarefas e as funções de relacionamento. Elas são o mais puro exercício de comunicação.

Exercitando conceitos

Neste capítulo buscou-se enfatizar a crescente importância da comunicação para o cumprimento dos objetivos organizacionais. Vencer os processos mentais do receptor quanto à seleção, avaliação, interpretação e decisão de uso, além de saber dosar assertividade com uma linguagem não-verbal consistente, é uma arte que poucos dominam. Procure refletir sobre o que acabou de ler e responda às perguntas a seguir.

- De que modo as falhas no processo de comunicação podem prejudicar a organização?
- Por que é importante o líder saber "ler" os aspectos não-verbais da comunicação dos seus colaboradores?
- Quais as principais barreiras de comunicação existentes em sua organização?

5

Motivação

Por que é tão importante conhecer os mecanismos da motivação? Simplesmente porque todo comportamento humano é gerado por algo que o motiva. Assim, neste capítulo apresentamos algumas teorias motivacionais segundo a abordagem de conteúdo, que enfatiza as necessidades internas das pessoas, e segundo a abordagem de processo, que corresponde a uma visão mais dinâmica dos aspectos cognitivos que influenciam o comportamento. Em seguida focalizamos o processo motivacional. Por fim, analisamos os aspectos educacionais da motivação e o comprometimento profissional.

Aspectos conceituais da motivação

Já na Antigüidade, os filósofos gregos afirmavam que o comportamento humano baseava-se nos princípios do hedonismo: "minimizar a dor, o desconforto e, por outro lado, maximizar o prazer". Assim, o estudo da motivação — que é complexo, dada a multiplicidade de facetas do ser humano — poderá tornar-se paradoxalmente simples se o executivo adotar de forma mais flexível os princípios hedonistas segundo os quais o prazer individual e imediato é o único bem possível.

Como o próprio termo sugere, motivação significa motivo para ação. Por sua vez, as palavras motivo e emoção compartilham a mesma raiz do latim: *movere*, isto é, mover. Assim, são as emoções que impulsionam as pessoas em direção a suas metas e que também influenciam a sua maneira de perceber os fatos. Segundo Bateman e Snell (1998), a motivação refere-se às forças que dirigem e sustentam os esforços das pessoas numa determinada direção. Já para Motta (1995:192), "motivação é a energia oriunda do conjunto de aspirações, desejos, valores, desafios e sensibilidades individuais, manifestada através de objetivos e tarefas específicas". Essa definição focaliza a dimensão interna do indivíduo.

Segundo Porter (apud Bergamini, 1980), a condição ideal para haver forte motivação é quando as habilidades e energias pessoais são suficientes para atender às expectativas organizacionais, e os recursos da organização são também adequados para atender às necessidades e objetivos individuais.

Schein (1982:61), por sua vez, afirma: "para os seres humanos adultos, o motivador fundamental é a necessidade de manter e desenvolver o autoconceito e a auto-estima. Fazemos coisas que são coerentes com o modo como nos vemos; evitamos coisas que não se coadunam com o modo como nos vemos; procuramos nos sentir bem com nós mesmos e evitar situações que fazem com que nos sintamos mal com nós mesmos".

Teorias motivacionais

Motivação é um tema que sempre despertou muito interesse, dada a sua relação com o comprometimento, o reconhecimento e as recompensas nas suas mais diversas modalidades. Muitas são, também, as restrições às várias pesquisas e teorias sobre o assunto, entre as quais se destacam aqui as teorias de conteúdo.

Teorias de conteúdo

As chamadas teorias de conteúdo dizem respeito à priorização das necessidades internas das pessoas como fatores capazes de alavancar o processo motivacional. As mais conhecidas são a teoria da hierarquia das necessidades, a teoria dos motivos humanos e teoria dos dois fatores.

Teoria da hierarquia das necessidades, de Maslow

Considerada uma referência, essa teoria explica que a motivação nasce da busca da satisfação de necessidades. Segundo Montana e Charnov (2000:205), "Maslow afirmava que existem cinco sistemas responsáveis por grande parte de nosso comportamento. Ele colocou esses sistemas em uma escala hierárquica, indo do mais primitivo e imaturo — em termos do comportamento que eles promovem — para o mais civilizado e maduro".

Para Maslow, existem cinco níveis de necessidades: sobrevivência; proteção ou segurança; necessidade de pertencer a um grupo; estima ou ego; e, finalmente, auto-realização. Apenas as necessidades não-satisfeitas são fontes de motivação. Por exemplo, somente quando sentimos fome vamos procurar alimento para satisfazer a primitiva necessidade fisiológica de sobrevivência. A teoria de Maslow traz importantes contribuições, na medida em que permite identificar os grandes grupos de necessidades, o estabelecimento das prioridades e a relevância do crescimento pessoal e da auto-realização em consonância com os objetivos organizacionais.

Teoria dos motivos humanos, de McClelland

McClelland também destaca a importância da satisfação das necessidades básicas e identifica três conjuntos que, segundo ele, são adquiridos socialmente mediante aprendizagem ao longo da vida:

- realização — busca da excelência, orientação para o sucesso, alcance de metas, assunção de riscos calculados e desejo de reconhecimento. É a necessidade de desenvolver-se e de alcançar o sucesso;
- afiliação — interesse por amizades, compartilhamento e boa convivência. Representa a necessidade de estreitar relacionamentos e de ser aceito por outros;
- poder — interesse pela liderança e pelos sinais de *status*. É a capacidade de influenciar ou mesmo dominar os outros.

McClelland concluiu que a maioria dos gestores tem níveis consideráveis de necessidade de poder, razão pela qual tendem a se ajustar melhor às organizações burocráticas. Aguiar (1981) afirma que as pessoas movidas pela necessidade de realização não encontram as mesmas facilidades para se ajustar nesses ambientes.

Teoria dos dois fatores, de Herzberg

Segundo essa teoria, não basta as pessoas ficarem satisfeitas com o ambiente de trabalho, os relacionamentos, os benefícios ou mesmo os salários percebidos para que haja um estímulo interno capaz de motivar. Herzberg distinguiu dois grupos de fatores que afetam o desempenho:

- fatores higiênicos — são os de manutenção, presentes no ambiente da empresa, tais como: remuneração justa, boas relações interpessoais, condições físicas satisfatórias de trabalho, benefícios. Tais fatores representam investimentos elevados e até podem não causar satisfação, mas se forem suprimidos poderão provocar insatisfação e queda na produtividade;

- fatores motivacionais — são aqueles relacionados ao conteúdo do cargo e do trabalho realizado e que têm o poder de gerar um estado de motivação. Por exemplo, remuneração variável — desafios relacionados com recompensas, reconhecimento, grau de autonomia, auto-realização.

A grande contribuição de Herzberg foi mostrar que não basta criar boas políticas higiênicas ou de manutenção se não houver reformulação nos cargos e valorização efetiva das pessoas que os ocupam. Assim, ele propõe que as tarefas sejam continuamente revistas e ajustadas em função do progresso de cada colaborador, num processo conhecido como enriquecimento das funções. Tal enriquecimento pode se dar tanto de forma horizontal, acrescentando-se novas tarefas ao cargo original, quanto vertical, substituindo-se as tarefas mais simples por outras mais complexas. A figura 5 compara as teorias de Maslow e de Herzberg.

Figura 5

NECESSIDADES E MOTIVOS

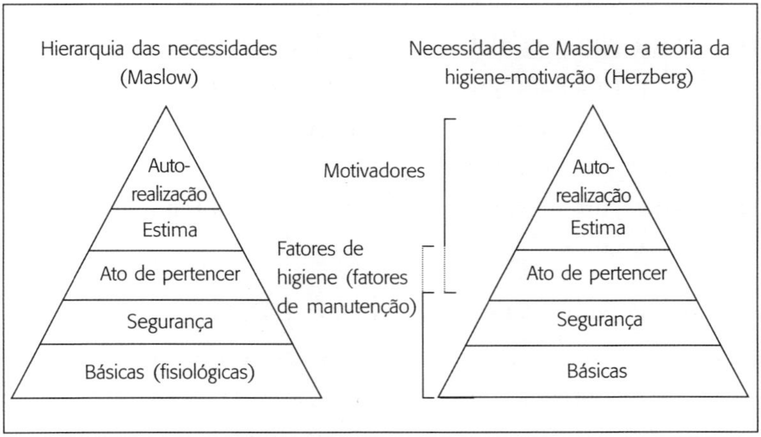

Fonte: Montana e Charnov, 2000:206.

Teorias de processo

Esse conjunto de teorias apresenta uma visão mais dinâmica dos processos cognitivos que influenciam o comportamento, focalizando desde sua ativação até sua supressão. Aí se destacam a teoria do estabelecimento de objetivos, a teoria da eqüidade e a teoria da expectativa.

Teoria do estabelecimento de objetivos, de Locke

Locke (apud Wagner e Hollenbeck, 1999) sustenta que a intenção de trabalhar por algum objetivo constitui grande fonte de motivação, pois suscita comportamentos proativos. A partir das pesquisas realizadas, as principais conclusões que se aplicam diretamente à gestão de pessoas são:

- os objetivos considerados mais difíceis conduzem a um melhor desempenho;
- os objetivos específicos produzem melhor desempenho do que os objetivos vagos e imprecisos;
- a participação na definição dos objetivos aumenta sua aceitação pelo colaborador e o seu grau de comprometimento;
- o monitoramento do próprio progresso motiva mais que o *feedback* de outra pessoa;
- pessoas com elevado grau de auto-eficácia tendem a vencer mais desafios.

Ainda para Locke (apud Wagner e Hollenbeck, 1999), os quatro principais métodos para provocar a motivação nas pessoas são: recompensas financeiras; fixação de metas individuais e de equipe; participação nas decisões sobre assuntos pertinentes; e criação de cargos com tarefas mais amplas.

Teoria da eqüidade, de Adams

Segundo Adams (apud Robbins e Finley, 1997), o sentimento de justiça resulta da comparação de nossa contribuição e de nossas recompensas com as dos outros. Por contribuição deve-se entender o esforço e o tempo empregados, o talento e o nível de desempenho, enquanto as recompensas incluem o reconhecimento, os pagamentos, os benefícios e até as punições. Se houver igualdade nessa "proporção", a certeza da eqüidade e do tratamento com justiça será reforçada. Havendo desigualdades, o processo motivacional será prejudicado pelo sentimento de injustiça. Daí a importância da igualdade nas relações e nas políticas que norteiam o trabalho. Ao perceber uma injustiça, o colaborador procurará reequilibrar a relação:

- diminuindo sua contribuição;
- pedindo maior recompensa;
- solicitando maior esforço dos outros;
- modificando a situação, transferindo-se ou deixando a organização.

Em geral as pessoas aceitam receber mais do que julgam merecer, mas não menos. Alguns são mais complacentes com as desigualdades de tratamento, enquanto outros reivindicam imediatamente aquilo que, a seu ver, lhes é devido. O salário é o quesito principal, mas as comparações podem descer a minúcias tais como nome do cargo, localização da sala, tamanho da mesa e até sorrisos do chefe.

Teoria da expectativa, de Vroom

Segundo Robbins e Finley (1997:355), essa teoria "ajuda a explicar por que muitos trabalhadores não são motivados em seus cargos e fazem apenas o mínimo necessário para não perdê-los". Vroom pressupõe a existência de três relações:

- relação entre a quantidade de esforço e o desempenho resultante: expectativa;
- relação entre desempenho a mais e uma recompensa: instrumentalidade;
- relação entre recompensa e satisfação de metas pessoais: valência.

A partir de valores matemáticos atribuídos à freqüência com que cada uma dessas relações ocorre é possível determinar o grau de motivação de uma pessoa:

Motivação = expectativa × instrumentalidade × valência

Essa teoria sugere três expedientes para gerar motivação, os quais podem servir de base para a atuação do líder:

- criar um ambiente propício ao bom desempenho, oferecendo treinamento, apoio e estímulo, de modo a aumentar a expectativa;
- garantir que o bom desempenho seja recompensado com elogios, avaliações positivas, aumentos de salário ou de cotas de participação nos resultados;
- identificar as recompensas com maiores valências.

Processo motivacional

Motivação e frustração

O grande desafio no processo de gerar motivação é descobrir o estímulo mais adequado. Caso esse objetivo seja atingido, às vezes o estímulo não é suficiente para levar ao resultado esperado e pode gerar frustração. Assim, o indivíduo é levado a preencher esse vazio com mecanismos de defesa ou, segundo Piéron (1966:110), "mecanismos inconscientes pelos quais o ego se dissocia de impulsos ou afetos sentidos como perigosos para a integridade do organismo". Eis alguns mecanismos de defesa psicológicos, segundo Freud:

- racionalização — desdenhar algo que não se pode ter;
- fantasia — trocar o que se tem pelo que se sonha;
- projeção — atribuir a outrem a causa de seus problemas;
- deslocamento — transferir a emoção de uma situação para outra;
- sublimação — desviar sensações e emoções para uma condição análoga àquela que não se pode ter;
- generalização — estender o descontentamento a todas as situações ou pessoas;
- isolamento: afastar-se dos outros;
- apatia — indiferença a outras oportunidades.

Vergara (2003:50) aponta outros mecanismos de defesa, além dos psicológicos:

- mecanismos de defesa sociológicos — compensações no meio social, como por exemplo o consumismo exagerado;
- mecanismos de defesa químicos — a satisfação é obtida mediante o uso de drogas e abuso de álcool e fumo;
- mecanismos de defesa tecnológicos — por exemplo, utilização excessiva da televisão e da internet.

Vale acrescentar que a motivação — ou a ausência dela — é um fenômeno intrínseco, absolutamente pessoal, o que explica que determinados estímulos externos funcionem para algumas pessoas, mas não para todas.

Note-se que os desempenhos de alto nível se tornam cada vez mais cruciais, dada a aceleração da informação e a automação de processos. Todavia, o vultoso investimento em máquinas, equipamentos e sistemas pode ser parcial ou totalmente perdido se nada for feito para obter a adesão das pessoas e a adequada substituição de valores, hábitos e regras de conduta.

A grande diversidade de valores, necessidades e experiências representa um grande desafio e, como diz Vergara (2003:42), "lidar com essas diferenças é a arte e a magia do gestor".

Facilitadores motivacionais

Segundo Byham (1992), são três comportamentos que o gestor deve adotar na relação com a sua equipe, para facilitar a motivação das pessoas, descritos a seguir.

Mantenha ou aumente a auto-estima

As pessoas satisfeitas consigo mesmas são mais motivadas, produtivas e criativas, envolvem-se mais na solução de problemas, aproveitam as oportunidades, enfrentam desafios e têm maior facilidade para trabalhar em equipe. Assim, convém manter elevada a auto-estima das pessoas e procurar não ferir-lhes o amor-próprio, principalmente na discussão de problemas. É preciso concentrar-se nos fatos, e não na pessoa:

- seja específico — embora não esteja errado dizer simplesmente "bom trabalho!", é importante esclarecer por que esse trabalho é positivo, pois assim não haverá dúvidas sobre o que se está elogiando;
- seja sincero — elogios falsos e forçados são fáceis de perceber e geralmente fazem mais mal do que bem;

Ouça e responda com empatia

Ter empatia é procurar entender o que a outra pessoa está vivendo, imaginar-se em seu lugar para melhor captar sua experiência. Mostrar ao outro que ele está sendo ouvido e entendido estimula a cooperação, pois ele passa a perceber que seus sentimentos estão sendo levados em consideração. Responder com empatia não significa necessariamente concordar com o que o outro está dizendo.

Peça ajuda para solucionar um problema

Solicitar idéias cria um clima de cooperação que estimula a pessoa a apresentar sugestões. Mas nem todas as idéias são boas. Nesse caso, convém evitar expressões como: "é uma boa idéia, mas...", ou "isso não vai funcionar". Se for algo totalmente inviável, deve-se dizer o porquê e pedir outras idéias.

Enfim, tais princípios sintetizam a linha mestra das ações grupais: deve-se dar apoio às pessoas sem tirar-lhes a responsabilidade.

Aspectos educacionais da motivação

As teorias motivacionais nos levam a concluir que as pessoas possuem necessidades, intenções e expectativas e são influenciadas por estímulos externos. O grau de compreensão dessas variáveis é fruto da capacidade que essas pessoas possuem para compreender a si próprias, o trabalho que realizam, e o mundo que as cerca.

À medida que a educação desenvolve as pessoas, seus referenciais e seus modelos de interpretação da realidade se modificam. Portanto, ao criar novas estruturas cognitivas e emocionais, o processo educacional possibilita outras formas de motivação.

O mesmo ocorre com os estímulos externos, pois serão alvo de novas interpretações sugeridas por outros modelos mentais de compreensão da realidade, passando-se a considerar como motivadores estímulos que antes não o eram. Além disso, torna-se possível identificar novos estímulos.

Nas organizações, segundo Macêdo (1988:57), podem-se distinguir três tipos de educação:

- educação técnica — trata-se da educação que procura qualificar tecnicamente as pessoas, por meio da transmissão de conceitos, valores e técnicas profissionais. O seu centro de atenção está nas tarefas;
- educação pessoal — trata-se da educação para a pessoa conhecer a si mesma, identificando seu potencial e sabendo utilizá-lo no momento adequado, e para planejar estrategicamente o próprio futuro, desenvolvendo habilidades para exercer a criatividade e a participação crítica. O centro de suas atenções está no conhecimento da própria pessoa e no desenvolvimento de habilidades para que possa assumir a responsabilidade pelo seu futuro pessoal e profissional;
- educação organizacional — torna a pessoa consciente da trajetória histórica da organização, abrangendo sua visão, missão, valores, objetivos, estruturas e sistemas. Desenvolve habilidades para utilizar os instrumentos organizacionais, e seu foco está direcionado para o conhecimento da realidade organizacional, suas origens e tendências.

Em síntese, pode-se afirmar que a educação técnica abre novas perspectivas para a execução das tarefas; a educação pessoal revela as diferentes capacidades individuais a serem exploradas; e a educação organizacional propicia novos mecanismos de planejamento, organização, controle e avaliação do trabalho. Portanto, a educação no trabalho permite descobrir oportunidades de motivação que antes não eram percebidas, bem como novas maneiras de o indivíduo sentir-se recompensado pelo seu desempenho.

Segundo Bergamini (1980:128), "parece não haver mais dúvida, de acordo com muitas pesquisas feitas sobre o assunto, que as pessoas procuram ativamente oportunidades de satisfazerem suas próprias necessidades pessoais e chegarem aos seus próprios objetivos dentro do contexto do trabalho".

Nessa afirmação fica claro que a pessoa tem consciência de suas necessidades e objetivos. Mas pode ser que ela considere impossível alcançá-los num dado contexto organizacional, e nesse caso é natural haver frustração e desmotivação. Assim, o processo educacional pode capacitar a pessoa a descobrir novos objetivos individuais e recompensas satisfatórias no ambiente organizacional.

Porter (apud Bergamini, 1980) afirma que a melhor condição para o surgimento de forte motivação é quando as habilidades e energias pessoais são suficientes para atender às expectativas organizacionais, bem como os recursos disponibilizados pela organização são adequados para atender às necessidades e aos objetivos individuais.

A integração entre o indivíduo e a organização é alcançada pela satisfação mútua de objetivos individuais e organizacionais. Assim sendo, os processos educacionais podem contribuir para a motivação das pessoas ensinando-lhes a descobrir formas criativas de realizar ao mesmo tempo os objetivos organizacionais e os seus objetivos pessoais.

Motivação institucional

Existe o comportamento motivado para o trabalho na expectativa de recompensas financeiras crescentes, e tais expectativas podem ser satisfeitas pela empresa. Não resta dúvida que essa é uma fonte de motivação localizada fora da pessoa e sob controle da organização. No entanto, sua eficácia depende do que ela significa para os colaboradores, e isso é conseqüência do tipo de educação ao qual foram submetidos.

Uma condição externa só é capaz de produzir comportamento motivado se existirem nos colaboradores as estruturas cognitivas adequadas. Ou seja, a organização só pode induzir comportamento motivado se oferecer condições concretas para a realização, dentro ou fora do trabalho, de aspirações previamente existentes nos colaboradores, e se essas aspirações foram criadas pela estrutura de idéias e valores construída no processo educacional do qual participaram. Outra possibilidade é a empresa alterar essa estrutura de valores por meio da educação.

Por outro lado, temos a motivação para o trabalho na expectativa de satisfação de objetivos individuais que vão além da justa recompensa financeira e podem ser atendidos pela organização. Aqui a educação é fator determinante na capacidade do indivíduo para identificar possibilidades e escolher os objetivos pessoais que deseja alcançar.

Nesse caso, a vontade de trabalhar pode ser resultado do somatório das condições subjetivas estabelecidas pelos colaboradores e das condições propiciadas pela organização para a concretização de objetivos individuais. Assim, por meio da educação, a organização pode criar motivação ao proporcionar o aprendizado de novos sistemas, processos e instrumentos que contribuam para a realização desses objetivos individuais.

A educação no trabalho permite ao indivíduo ultrapassar os limites da teoria dos dois fatores de Herzberg, na medida em que o capacita a participar da organização e do controle do trabalho e, logo, da construção de estruturas e sistemas organizacionais.

Tomando por base a teoria de McClelland, que focaliza as necessidades de realização, poder e afiliação, Aguiar (1981) afirma que as pessoas movidas pela necessidade de realização procuram a excelência e a competência profissional. A educação no trabalho equilibra as necessidades identificadas na teoria de McClelland, porquanto capacita o colaborador a compreender e exercer o poder na organização, independentemente do modelo de gestão vigente, bem como a desenvolver uma interação positiva com os colegas de trabalho, satisfazendo assim suas necessidades de afiliação.

Por outro lado, as necessidades de realização se baseiam na realidade concreta, e não em ilusões. Se as condições existentes não forem satisfatórias, os indivíduos estarão capacitados a agir para mudá-las, permitindo assim a satisfação de seus objetivos pessoais.

Em suma, se a educação técnica promove a motivação ligada às recompensas financeiras, a educação pessoal a complementa ao produzir a motivação ligada à realização de objetivos individuais, enquanto a educação organizacional complementa as anteriores promovendo a motivação ligada ao cumprimento de objetivos organizacionais. Ou seja, cada tipo de educação atende a propósitos diferentes porém complementares entre si.

Comprometimento profissional

É sabido que um sistema de desempenho e recompensas financeiras adequadamente formulado contribui para atrair e reter colaboradores. Porém, segundo Katz e Kahn (1978), quando outras organizações acenam com melhores benefícios, a efetividade do processo tende a anular-se, podendo os colaboradores abreviar sua permanência na organização. Na decisão de permanecer ou não na organização também pesam outras variáveis, como por exemplo as limitadas oportunidades de participação ou a omissão de líderes no gerenciamento de conflitos (Motta, 1995).

O verdadeiro comprometimento pressupõe uma opção consciente do indivíduo, devendo pois traduzir-se em fatos concretos (Freire, 1990), mas estes só são produzidos por quem é capaz de pensar e agir com autonomia, quem realmente faz escolhas entre as opções possíveis.

O comprometimento está diretamente ligado à ampliação da consciência do indivíduo. Na prática, isso acontece na medida em que este não se contenta apenas com recompensas financeiras, mas deseja conhecer melhor a si mesmo e a empresa para poder participar efetivamente da vida organizacional.

Galbraith e co-autores (1995) desenvolvem o conceito de envolvimento empregatício, o qual, por estar centrado no processo decisório, ajuda a reter os colaboradores nas organizações que adotam um processo participativo autêntico. Isso porque o que se deseja é mais poder e mais informação para decidir com mais acerto, melhores recompensas econômicas e psicológicas, e maiores oportunidades de educação e treinamento para suprir as deficiências no processo decisório.

Segundo Bennis (1995), quanto maior for a compatibilidade entre os valores pessoais e a tarefa a ser desempenhada, mais forte será o comprometimento profissional, o que dispensa controles estruturados. Donde se deduz que a motivação ligada à realização de objetivos individuais é mais forte do que a motivação ligada à realização de objetivos financeiros.

Katz e Kahn (1978) afirmam que um colaborador pode ter introjetado valores de cunho profissional, porém isso não significa que tenha feito o mesmo em relação aos valores da organização em que trabalha. Pode-se estar motivado para o trabalho mesmo numa organização de que não se gosta.

A motivação institucional forja um vínculo mais forte que a individual porque possibilita às pessoas participarem da edificação das estruturas, processos e sistemas organizacionais. Davis e Newstrom (1992) corroboram essa argumentação dizendo que os indivíduos motivados com a organização apóiam suas políticas e apresentam baixo índice de rotatividade.

Concluindo, citamos Freire (1990:39): "na consciência ingênua há uma busca de compromisso; na crítica, há um compromisso; e na fanática, uma entrega irracional".

Exercitando conceitos

Neste capítulo vimos a importância da motivação como um processo interno que deve ser incentivado. Os modelos teóricos e os instrumentos apresentados podem facilitar a construção de um ambiente organizacional mais motivador. É fundamental, porém, que a motivação do indivíduo e da equipe esteja em sintonia com os resultados esperados pela organização. Por meio da educação pode-se criar motivação para um trabalho que traga satisfação por alcançar objetivos coletivos. Agora responda às perguntas.

- Se um trabalhador for uma pessoa esforçada e motivada, mas não tiver as habilidades necessárias para a tarefa que lhe confiaram, qual será o resultado?
- Como será o trabalho de um colaborador desmotivado porém talentoso?

6

Liderança como essência da gestão

Este capítulo focaliza a liderança e os paradoxos que a envolvem. Além das relações entre poder, autoridade e responsabilidade, veremos as diferentes abordagens do tema. Por último, examinaremos os novos formatos da relação de trabalho, os quais impõem a flexibilização dos estilos de liderança.

Aspectos conceituais da liderança

Muito já se escreveu sobre liderança, mas ainda não se estabeleceram com clareza as metodologias para o seu desenvolvimento. Questões como "todo mundo pode ser líder?" ou "todo mundo deveria desejar ser líder?" povoam as reflexões de autores de todas as correntes. Mas é ponto pacífico que o atual líder de uma equipe pode vir a ser liderado amanhã, num processo de mudança de papéis.

Entendemos por liderança a arte de educar, orientar e estimular as pessoas a persistirem na busca de melhores resultados num ambiente de desafios, riscos e incertezas. Agregando novos elementos, Megginson, Mosley e Pietri (1998:377) consideram que "liderança é um processo de influenciar as atividades individuais e grupais, no estabelecimento e atingimento de metas". Já Bennis (apud Vergara 2003:74) afirma: "liderança é como a beleza: difícil de definir, mas fácil de reconhecer".

Liderança: papéis, cenários e paradoxos

Identificação dos papéis

No ambiente organizacional se descortinam cenários onde a legitimação do poder implica diferentes papéis que ora se mesclam, ora se confundem, dependendo do grau de abrangência de sua atuação e do fato de terem sido ou não formalmente designados. São eles:

- chefe — alguém investido de autoridade formal que ocupa cargo previsto na estrutura organizacional e que tem autonomia para representar, comandar e decidir, no âmbito de sua função;
- gerente — é a figura do chefe reforçada pelos conhecimentos e pelo exercício pleno das funções administrativas;
- gestor-líder — aquele que, no exercício de qualquer função de comando permanente ou temporária, formalmente designada ou não, é capaz de influenciar a equipe e, sendo por ela legitimado, representá-la e conduzi-la numa determinada situação — por exemplo, a coordenação de um projeto ou de parte dele.

Para Weich (apud Bennis et al., 2001), "o líder eficaz é alguém que procura pela melhor pergunta, aceita a inexperiência, mantém-se em movimento, canaliza as decisões para aqueles que têm à mão o melhor conhecimento sobre determinado assunto, cria boas soluções com arte, é obcecado pela atualização, encoraja a improvisação, e é profundamente consciente da ignorância pessoal".

O cenário da liderança e seus paradoxos

Geralmente, o cenário onde se desenvolve o processo de liderança é marcado por turbulências, incertezas e contradições, muitas delas provocadas por alguns paradoxos com os quais o líder precisa conviver:

- acompanhar o avanço tecnológico *versus* ser mais humanista, melhorar a qualidade de vida;
- diversificar-se *versus* aprofundar o conhecimento em sua área;
- aumentar a competitividade do negócio *versus* integrar e cooperar;
- atuar com rapidez *versus* aprimorar a qualidade;
- focar o global *versus* agir localmente;
- virtualizar as relações *versus* humanizar o uso da tecnologia.

Entende-se que lidar com esses paradoxos exige espírito de equipe, desprendimento e versatilidade, dadas a rapidez com que os extremos se aproximam e a facilidade com que se opõem. Portanto, é fundamental vencer as barreiras da comunicação, pensar e atuar holisticamente, abrindo cada vez mais os processos e as decisões à participação de todos que, direta ou indiretamente, influenciam ou são influenciados por seus resultados.

Poder, autoridade e responsabilidade

Poder, autoridade e responsabilidade são fatores intrinsecamente relacionados que se fazem presentes no exercício da liderança.

Poder

É a habilidade de influenciar indivíduos, grupos, acontecimentos e decisões, e está intimamente relacionada com a capacidade de liderar. Para Bateman e Snell (1998), gerar motivação em equipes para um alto desempenho envolve também o exercício do poder de que o líder dispõe, o qual provém de uma ou mais fontes, a saber:

- poder legítimo — provém do cargo formal que o líder ocupa na estrutura da empresa ou para o qual foi designado; na medida em que goza de prestígio num determinado grupo, o líder detém igualmente o chamado poder informal;
- poder sobre recompensas — baseia-se na concessão de prêmios materiais ou sociais, a partir de critérios pessoais e institucionais, que acabam por influenciar positivamente o comportamento de indivíduos e grupos;
- poder de coerção — provém do controle sobre eventuais punições para comportamentos considerados indesejáveis;
- poder de referência — provém de características pessoais que despertam admiração nos outros;
- poder de competência — baseia-se nos conhecimentos e habilidades que são valorizados pelo grupo e lhe servem de modelo.

Autoridade e responsabilidade

Autoridade é o direito de comandar pessoas visando a obtenção de resultados. Já responsabilidade pode ser entendida como a obrigação criada a partir do momento em que se aceita uma determinada parcela de autoridade.

As bases da autoridade são a formalidade e a aceitação. A autoridade formal confere poder posicional, mas o poder somente será exercido se seu detentor for aceito e tiver a capacidade de exercer influência sobre indivíduos, grupos e situações.

Há quem defenda a tese de que, ao delegar-se autoridade, continua-se detendo a responsabilidade final. Porém, o comprometimento daquele que recebeu a delegação o torna responsável pelos resultados até o nível da delegação conferida.

Diferentes abordagens de liderança

Ao longo da história da administração, o fenômeno da liderança tem sido analisado de diferentes ângulos. A seguir destacam-se as principais correntes.

Abordagem das características ou traços (centrada na figura do líder)

Tal abordagem partia do princípio de que os líderes eram elementos com traços peculiares que os distinguiam das outras pessoas. Supunha-se que a influência por eles exercida sobre os outros dependia de características físicas (aparência, estatura, força física), intelectuais (inteligência, autoconfiança, conhecimentos) e sociais e profissionais (espírito de cooperação, competências etc.). Tais características intrínsecas eram vistas como imutáveis e imunes às pressões ambientais.

Com o tempo, essa abordagem mostrou-se equivocada, uma vez que muitas pessoas que não reuniam as características previstas acabaram por revelar-se verdadeiros líderes.

Abordagem dos estilos de liderança (centrada no líder e nos liderados)

Essa abordagem surgiu do confronto entre a escola clássica e o movimento humanista na administração, estando a primeira voltada para o desempenho das tarefas, enquanto a segunda focalizava as relações interpessoais. Tal conflito deu origem a dois estilos de liderança: o autocrático, orientado para a produção, e o democrático, caracterizado pela preocupação com as relações humanas.

Assim, enquanto o líder autocrático usa de seu poder para decidir sozinho e para recompensar ou punir os liderados como bem entender, o líder democrático discute essas mesmas decisões em conjunto com sua equipe.

Esse tipo de abordagem admite ainda um terceiro tipo de líder, o liberal, que por seu papel discreto não chega a representar propriamente, na ótica de alguns autores, um estilo de liderança.

Abordagem situacional ou contingencial (centrada no líder, nos liderados e na situação)

Por volta de 1950, os estudiosos do comportamento humano começaram a voltar sua atenção para um campo mais amplo do exercício da liderança, a situação ou contingência, dando origem a essa nova visão de liderança. Assim, no caso da liderança situacional, a autoridade formal ajuda mas não é imperativa, ao passo que as características pessoais podem facilitar ou dificultar conforme a situação, cabendo também considerar as expectativas dos liderados ante a pressão das variáveis situacionais.

Os adeptos da abordagem situacional ou contingencial não postulam um melhor estilo de liderança, nem um estilo permanente, e sim o mais eficaz para uma dada situação.

Tannenbaum e Schmidt (apud Moscovici, 1991) foram os primeiros teóricos a descrever os três conjuntos de forças que influenciam um líder na escolha de seu estilo, a saber: forças presentes no líder, forças presentes nos colaboradores e forças presentes na situação.

Esse conjunto de forças ressalta a necessidade de flexibilização do papel da liderança, o qual não mais deverá estar centrado na personalidade do líder, e sim na maturidade dos colaboradores, do grupo ou da equipe. Do líder poderá exigir-se num dado momento uma conduta autocrática, e noutro, um comportamento democrático. Dependendo do grau de amadurecimento da equipe, à qual seriam delegadas determinadas tarefas, o líder poderá até assumir uma postura liberal. Assim, do líder de hoje espera-se mais flexibilidade, inovação e adequação. A figura 6 procura ilustrar essas idéias.

Figura 6

AUTORIDADE DO LÍDER E LIBERDADE DO GRUPO

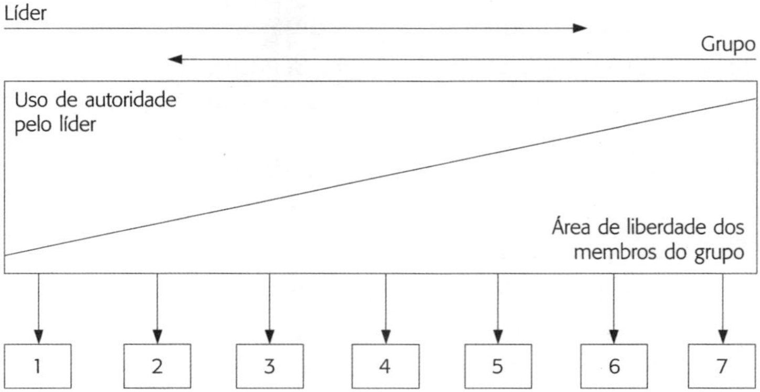

1. O líder comunica sua decisão, que é aceita sem contestação.
2. O líder vende sua decisão antes de obter aceitação.
3. O líder testa sua decisão ouvindo opiniões dos membros do grupo.
4. O líder consulta os membros antes de tomar a decisão.
5. O líder consulta os membros sobre alternativas de decisão.
6. O líder define limites dentro dos quais a decisão será tomada pelos membros.
7. Líder e membros tomam decisões em conjunto, dentro dos limites definidos pelos superiores.

Fonte: Moscovici, 1991:96.

Vergara (2003) chama a atenção para o fato de que a abordagem contingencial desvia o foco da figura do líder para o fenômeno da liderança, a qual é vista como uma relação, pois não se pode falar em líderes sem falar em liderados, nem se pode falar em poder sem falar nas pessoas sobre as quais ele é exercido. Lembra que a autoridade formal não garante a liderança mas pode facilitá-la, e que, por outro lado, as características da personalidade do líder tanto podem facilitar quanto criar obstáculos. Segundo a autora, tal abordagem destaca a questão das expectativas, interesses e motivações dos liderados, somente podendo exercer a liderança aquele que tenha condições de satisfazê-los.

Uma nova abordagem: liderança conectiva

Os líderes conectivos são próprios do cenário atual, onde imperam alianças, fusões e mudanças de toda ordem. São líderes que induzem e exploram interconexões entre pessoas, instituições e processos, em toda parte. Segundo Lipman-Blumen (1999:16), os líderes conectivos atuam da seguinte maneira:

- associando suas visões aos sonhos de outros, conectando e combinando, jamais dividindo e conquistando;
- esforçando-se para resolver problemas comuns;
- criando um sentido de comunidade;
- reunindo líderes e liderados em torno de objetivos comuns;
- incentivando os colaboradores a assumir responsabilidades em todos os níveis;
- fortalecendo líderes em potencial, inclusive futuros sucessores;
- construindo e renovando instituições democráticas;
- demonstrando autenticidade e não visando jamais a fins egoísticos;

- exigindo sacrifícios, primeiro de si próprio e, somente então, de outros.

Pode-se inferir, portanto, que o fenômeno da liderança está em permanente processo de evolução e transformação, incorporando novos valores, características e níveis de exigência com relação àqueles que assumem tão importante papel.

Liderança de grupos atípicos

Grupos atípicos são aqueles cujas características e condições de trabalho diferenciam-se da tradicional relação líder-colaboradores, caracterizada por uma hierarquia definida, pelo uso do mesmo espaço físico e pelo exercício de atividade continuada.

Liderança em situações de teletrabalho

A tecnologia da informação vem revolucionando quase todas as formas de interação das pessoas a distância. Entre elas, a que mais se destaca, principalmente no âmbito do trabalho em equipe e do exercício da liderança, é o trabalho remoto ou teletrabalho, caracterizado pelas chamadas equipes virtuais.

No teletrabalho verifica-se a transferência do local físico onde se realiza o trabalho intelectual para outro a distância — residência, escritório-satélite etc. —, com ênfase nos resultados. É o trabalho espacialmente descentralizado, seja em caráter permanente, seja apenas por alguns dias da semana ou certas semanas do mês. Do ponto de vista da liderança, a principal conseqüência do teletrabalho é que, na maioria das vezes, a comunicação líder-colaborador se dá de forma remota.

Segundo Trope (1999), o teletrabalho demanda a adoção de padrões mais estruturados de comunicação e novas abordagens no que concerne a treinamento e formação. A relação entre os indivíduos baseia-se mais na confiança do que no controle, devendo o líder assumir o papel de animador, em vez de controlador. Assim, seu estilo de gestão está mais próximo da administração de resultados que dos métodos e meios tradicionalmente utilizados — supervisão presencial, controle rígido de horários etc.

Ainda quanto ao exercício da liderança no teletrabalho, cabe destacar algumas situações contraditórias que podem surgir no dia-a-dia:

- a fragmentação da equipe devido ao convívio eventual requer maior habilidade do líder em agregar pessoas;
- por um lado, o menor convívio reduz os conflitos; por outro, aumenta a dificuldade de comunicação;
- o controle sobre o indivíduo deixa de existir, mas passa-se a controlar os resultados;
- o distanciamento do líder da equipe acaba por favorecer sua conectividade com seus pares e superiores, ou seja, graças aos recursos da tecnologia da informação, o teletrabalho acaba aproximando os distantes e afastando os próximos.

Liderança em células temporárias de trabalho

As células temporárias de trabalho ou *hot-groups*, como dizem Lipman-Blumen e Leavitt (1999), são equipes formadas em caráter temporário para resolver um problema ou enfrentar um novo desafio e demandam rapidez e criatividade. Assim, compete ao líder dar velocidade às decisões e manter um clima propício à fluidez das ações do grupo. Seus integrantes são motivados justamente porque estão fazendo algo que consideram desafiador — eis a chave do sucesso dos *hot-groups*.

Liderança em estruturas matriciais — a dupla liderança

As estruturas matriciais ou por projetos se caracterizam por uma matriz de dupla entrada onde as colunas especificam as ações referentes às atividades-meio da organização, e as linhas, os vários projetos em andamento. Os núcleos ou células de trabalho, situados na confluência das colunas e linhas, têm duplo comando, ou seja, cada célula obedece tecnicamente ao líder funcional e hierarquicamente ao líder do projeto.

Essa modalidade de arquitetura organizacional, que enseja a dupla liderança, requer estreita articulação entre os líderes da matriz para a boa condução de seus liderados. Sendo assim, exige-se desses líderes grande versatilidade para lidar com estruturas e equipes flexíveis e descontínuas.

Liderança em processos terceirizados e quarteirizados

A terceirização é um processo de gestão pelo qual se transferem algumas atividades para terceiros, com os quais se estabelece uma relação de parceria, podendo assim a organização concentrar-se nas tarefas essencialmente ligadas à sua missão. Por outro lado, a gestão do trabalho terceirizado requer cuidados especiais:

- acompanhamento permanente do contrato e de suas condições de execução;
- conectividade com outros processos e rotinas;
- estabelecimento de indicadores de desempenho aplicáveis às duas equipes — a da contratante e a da terceirizada.

Aqui um dos maiores desafios a ser enfrentado pelo líder é evitar o surgimento dos chamados "funcionários de segunda linha", situação na qual as diferenças de tratamento — uso de restaurantes, níveis de remuneração, treinamento etc. —, manifestas ou veladas, criam dissensões entre os funcionários da contratante e os da contratada.

A difusão da prática da terceirização deu origem à chamada quarteirização, na qual se transfere para outra organização a fiscalização dos serviços contratados a terceiros. Essas organizações podem participar das diversas etapas, desde a celebração de contratos com terceiros, passando pelo acompanhamento dos serviços prestados, até o controle dos resultados e da qualidade desses serviços.

A quarteirização representa uma forma de compartilhamento do exercício da liderança, uma vez que transfere a outrem a gestão do trabalho prestado por terceiros, favorecendo o uso de uma mesma linguagem, tanto para os relacionamentos interpessoais quanto para a definição dos padrões de qualidade e excelência dos serviços.

Competências e desenvolvimento da liderança

Num mundo em que as mudanças ocorrem de forma imprevisível e turbulenta, a tarefa do líder não deve ser apenas controlar a situação, mas principalmente mobilizar recursos para que a organização possa sobreviver.

Habilidades requeridas do líder

Sem ter a pretensão de esgotar o tema, sugerimos a seguir algumas habilidades necessárias ao exercício da liderança:

- abertura — permitir aos liderados assumir responsabilidades, participar e tomar decisões; propor, ao invés de impor;
- atenção — ouvir ativamente e reconhecer o valor das pessoas, expressar satisfação com seus esforços e realizações;
- *coaching* — preparar continuamente indivíduos da equipe para desenvolverem suas atuais terefas com mais eficácia;

- humildade — usar de autocrítica, mostrar capacidade de aprender e de reconhecer falhas;
- humor — ser descontraído, alegre e otimista;
- integração — usar de empatia, integrar-se à equipe, compartilhar conhecimentos;
- intuição — aguçar a sensibilidade e a espiritualidade;
- *mentoring* — inspirar, educar e orientar as pessoas, para o desenvolvimento de suas carreiras profissionais;
- versatilidade — saber atuar num ambiente mutável, ser capaz de sair dos trilhos para as trilhas;
- visão do todo — conhecer a si mesmo, os outros, a organização e o mundo.

De modo geral, identifica-se o verdadeiro líder pelo comportamento dos integrantes de sua equipe, por suas demonstrações de comprometimento, iniciativa e satisfação.

Desenvolvimento de líderes

Muito já se discutiu a respeito do fato de a liderança ser inata ou adquirida, pois isso implica diferentes estratégias para a construção dos modelos de gestão. A liderança não é inata, porém determinadas características da personalidade podem facilitar ou dificultar a formação de um líder.

O fato é que as habilidades e as destrezas que uma pessoa possui ou pode vir a desenvolver são fortemente influenciadas por suas características inatas e por sua experiência de vida, quer como líder, quer como liderado. Além disso, mesmo que um indivíduo reúna todas as habilidades que facilitam o exercício da liderança, é preciso considerar também a influência das variáveis situacionais.

Hoje o mundo é completamente diferente daquele de algumas décadas atrás, e certamente os cargos que as pessoas estarão ocupando daqui a 20 anos ainda não foram inventados, pois corresponderão a serviços que o avanço tecnológico ainda não criou.

É inegável que a gestão do capital humano tornou-se crucial para os processos de eficácia organizacional. Nesta época de extraordinária incerteza e na qual predomina o conhecimento, caiu por terra o velho modelo segundo o qual o líder era alguém pago para pensar, enquanto o liderado era pago para fazer.

Davenport (apud Bennis et al., 2001:61-62) recomenda as seguintes mudanças no papel do líder:

- não apenas supervisionar o trabalho, mas também realizá-lo;
- organizar comunidades, em vez de hierarquias;
- não impor planos e métodos, mas entendê-los;
- em vez de contratar e demitir trabalhadores, recrutá-los e retê-los;
- priorizar as habilidades cognitivas, e não mais as habilidades manuais;
- passar da avaliação do trabalho visível àquela das realizações invisíveis, baseadas no conhecimento;
- em vez de ignorar a cultura, torná-la propícia ao conhecimento;
- não mais apoiar a burocracia, e sim eliminá-la.

Exercitando conceitos

Com base naquilo que foi dito neste capítulo a respeito de líderes e liderados, responda às perguntas seguintes.

- Quais são as principais características da liderança conectiva e em que ela se distingue das demais?
- Como você vê a atuação do líder no universo do teletrabalho?

7 Formação e desenvolvimento de equipes

Neste capítulo veremos que a transformação de grupos em equipes é um processo que depende da comunhão de objetivos e da influência da cultura organizacional. Examinaremos os principais tipos de equipes e o papel da competição e da cooperação em suas atividades. Por fim, mostraremos as principais dificuldades enfrentadas pelas equipes, nas quais o maior desafio é a gestão de conflitos.

Formação de grupos

Considerando que as equipes são grupos que evoluíram, para entender essa trajetória é preciso estudar o processo de formação de um grupo, ou seja, em que circunstâncias ele se constituiu, de que maneira atua e quais as características de seus integrantes.

Um grupo é uma reunião de pessoas com um ou mais objetivos comuns e que se percebem como seus integrantes. A partir de sua constituição e ao longo de toda a sua existência, o grupo sofre a influência de três fatores: o ambiente, o próprio grupo e o indivíduo — e isso explica por que alguns grupos chegam a transformar-se em equipes e outros não.

Em primeiro lugar, o grupo é influenciado pelo ambiente no qual se formou e atua. O tipo de organização da qual faz parte, as instruções estratégicas e operacionais que recebe ou deixa de receber, as facilidades ou dificuldades, tanto materiais quanto psicológicas, e muitos outros fatores irão afetar esse grupo positiva ou negativamente. Outras influências são as decisões gerenciais que determinam sua formação, modificação ou extinção, dentro de qualquer estrutura formal. Por outro lado, todo ambiente apresenta ameaças e oportunidades que podem afetar a coesão do grupo e os sentimentos de seus membros.

Em segundo lugar, o grupo recebe influências de si próprio: por exemplo, seu tamanho, o tipo de sua missão, a idade e a ideologia de seus integrantes, bem como o efeito sinérgico resultante de sua agregação. Assim, quanto maior e mais heterogêneo for o grupo, maior será a diversidade de conhecimentos e habilidades disponíveis; por outro lado, também poderá ser menor a oportunidade de participação e contribuição individual. A afinidade de valores, crenças e habilidades e o nivelamento da faixa etária tendem a auxiliar na formação de grupos mais estáveis e duradouros. Já os grupos muito grandes tendem a dificultar o consenso e a obtenção de resultados.

Em terceiro lugar, temos o indivíduo com seu conjunto característico de traços de personalidade, conhecimentos, valores, interesses e experiências, os quais, combinados àqueles dos demais integrantes, contribuem para que o grupo tenha uma identidade e um desempenho específicos.

Essas três influências — ambiente, grupo e indivíduo — se combinam para dar ao grupo um padrão de comportamento orientado para dois objetivos: a execução da tarefa e a sua continuidade como tal. Quando ambos estão bem equilibrados, o grupo começa a mostrar-se capaz de trabalhar em equipe, daí resultando um padrão elevado de desempenho na execução da tarefa e um alto grau de satisfação psicológica de seus componentes.

Nas organizações costuma-se reunir as pessoas em grupos — que podem denominar-se grupo de trabalho, força-tarefa, comissão, comitê, turma — para o exercício de atividades temporárias ou permanentes com diferentes propósitos, tais como coleta, reunião, produção e difusão de informações, multiplicação do conhecimento, tomada de decisões colegiada, pesquisas e testes de idéias, divisão e distribuição do trabalho, entre outros. O grau de formalidade e a duração desses grupos podem variar, ensejando diferentes tipos:

- grupo informal — resulta da própria natureza gregária do ser humano, diante de fenômeno ou situação imprevista;
- grupo formal temporário — constituído para cumprir um objetivo ou tarefa específicos, num prazo determinado;
- grupo formal permanente — composto para cumprir atividades regulares da organização ou objetivos de longo prazo, como é o caso das comissões permanentes com mandato duradouro.

A influência da cultura e do clima organizacional

Visto que a cultura organizacional diz respeito ao conjunto de valores e tradições que caracterizam uma determinada organização, seu caráter geralmente conservador pode ser modificado através de um processo de aculturamento acelerado dos grupos que dela fazem parte.

Os valores culturais precisam ser igualmente aceitos pelos integrantes do grupo; senão, este poderá fragmentar-se em subgrupos que, ao longo do tempo, acabarão por sedimentar-se em subculturas. Assim, o fato de pertencer a determinados grupos sociais, culturais, esportivos, religiosos tende a aproximar as pessoas. Aliás, o fortalecimento dessas afinidades tanto pode comprometer o desempenho quanto ajudar a vencer dificuldades e impulsionar o grupo.

O clima organizacional — que reflete a percepção que as pessoas têm das respostas às suas demandas e perspectivas pessoais dentro da organização — também influencia fortemente a motivação do grupo, especialmente se for negativo, situação que deverá ser corrigida. A leitura do clima organizacional geralmente se faz através de pesquisas que adotam os métodos clássicos de coleta de dados: entrevistas, questionários, reuniões abertas e dinâmicas de grupo desenvolvidas para esse fim.

Fatos do cotidiano observados isoladamente e que revelem o grau de comprometimento e de interesse das pessoas em relação à organização servem também à leitura da qualidade do clima organizacional.

Como a pesquisa reflete o clima num determinado momento da organização, é necessário fazer aferições periódicas para detectar eventuais mudanças e acompanhar o efeito das medidas corretivas.

Transformação de grupos em equipes

Segundo Moscovici (1994:5), "um grupo transforma-se em equipe quando passa a prestar atenção à sua própria forma de operar e procura resolver os problemas que afetam o seu funcionamento. Um grupo que se desenvolve como equipe necessariamente incorpora à sua dinâmica as habilidades de diagnose e de resolução de problemas".

Entende-se por equipe um conjunto de pessoas com habilidades complementares, atuando juntas numa mesma atividade, com propósitos e objetivos comuns, comprometidas umas com as outras e com a qualidade dos relacionamentos e dos resultados. Katzenbach (2000:16) a define como "um pequeno número de pessoas com habilidades complementares, comprometidas com o mesmo objetivo, as mesmas metas de desempenho e a mesma abordagem, pelos quais elas se consideram mutuamente responsáveis".

O trabalho em equipe é um permanente processo de experimentação, troca e aprendizagem. Eis os principais requisitos para o bom funcionamento da equipe:

- consciência dos objetivos — deve haver uma idéia clara do propósito da atividade a ser desenvolvida pela equipe;
- conhecimento das condições — é preciso dar a conhecer a todos os prazos e os recursos disponíveis para as atividades, bem como as normas e os valores que deverão norteá-las;
- comunicação aberta — todos devem ter acesso às informações e liberdade para expressar suas idéias e sentimentos;
- aceitação das diferenças individuais — é fundamental saber conviver com os traços e valores de cada um e aproveitar essas diferenças para adquirir habilidades e competências;
- capacidade de negociar e de fazer concessões — havendo tal disposição, ganha-se dos dois lados;
- propensão para aprender e compartilhar — numa equipe todos aprendem juntos e compartilham tarefas e responsabilidades; dar e receber *feedback* também faz parte desse processo de aprendizagem;

- entusiasmo — é preciso ser otimista e confiante para poder aceitar desafios e superar obstáculos;
- comportamento ético — as relações devem basear-se no compromisso, na confiança e no respeito mútuos;
- flexibilidade — cumpre incentivar a troca de papéis e até mesmo o compartilhamento da liderança; assim serão identificados e aproveitados oportunamente os pontos fortes de cada um.

Competição e cooperação

A competição e a cooperação representam um dos paradoxos das equipes na atualidade. As organizações precisam ser competitivas e, ao mesmo tempo, cooperar entre si através de parcerias que propiciem o melhor aproveitamento do tempo, dos recursos e das oportunidades.

A competição, principalmente no mundo dos negócios e dos esportes, é uma conduta institucionalizada e plenamente aceita, pois dela dependem o crescimento e a melhoria da qualidade. Assim, a competição intergrupal, leal e aberta, pode ser acatada com tranqüilidade.

Dentro da equipe, porém, a competição se dá num nível interpessoal, razão pela qual é menos aceita, uma vez que o propósito não é o sucesso individual, mas o resultado coletivo.

A cooperação, por seu turno, é o meio pelo qual as equipes agilizam processos, reduzem custos e aprimoram a qualidade. Para tanto é necessário vencer obstáculos e estabelecer uma parceria constante através da qual os indivíduos tendem a compensar suas limitações físicas, psicológicas, sociais e intelectuais, formando uma equipe eclética e versátil que busca alcançar e superar resultados. Assim as pessoas se tornam cooperadoras numa atividade comum, transformando muros em pontes.

Estágios do desenvolvimento de equipes

Um trabalho, um objetivo ou uma situação imprevista podem ensejar a reunião de pessoas, a formação de um grupo ou o desenvolvimento de uma equipe. Isso porque a abertura à participação, o estímulo à criatividade e o envolvimento coletivo numa determinada situação acabam transformando essa reunião de pessoas em grupos e os grupos em equipes. A seguir veremos como evoluem essas interações:

- reunião de pessoas — algumas pessoas se reúnem para definir e dividir uma tarefa; cada um faz sua parte, sem se preocupar com o desempenho dos demais;
- processo de formação do grupo — também tem início quando algumas pessoas se reúnem para definir e dividir uma tarefa; determinam-se as diversas funções e cada membro do grupo faz a sua parte, podendo-se igualmente dividir e otimizar recursos e informações; os ganhos, normalmente individuais, podem ser distribuídos, mas ainda não há preocupação com o desempenho coletivo;
- transformação do grupo em equipe — as pessoas estão comprometidas com uma missão e objetivos comuns; cooperam mutuamente nas ações que requerem habilidades gerais e também específicas, havendo uma forte relação de confiança e parceria;
- evolução para uma equipe de alto desempenho — é um estágio de fortalecimento da equipe; além das características anteriormente citadas, observa-se numa equipe de alto desempenho o interesse de cada um pelo seu desenvolvi-

mento e pelo crescimento de todos os demais; aqui o ponto alto é o empenho em superar os resultados da equipe como um todo.

Vale notar que não há um momento preciso em que se possa considerar a equipe pronta, já que as pessoas, quando atuam em conjunto, geram sinergia e aprendizado continuamente. Ou seja, quanto mais evolui o processo e elas contribuem com novos conhecimentos, valores e idéias, maior se torna a competência coletiva.

Tipos de equipes

Desde que reúnam as características já mencionadas, as equipes podem assumir diversas modalidades, a saber:

- equipes funcionais — compõem-se de pessoas que executam tarefas similares, numa mesma unidade organizacional; se, por um lado, a troca de informações sobre procedimentos possibilita a cooperação, por outro, o domínio de uma estreita gama de tarefas pode limitar os ganhos de produtividade;
- equipes por fluxo de trabalho ou células — ao integrar todas as atividades necessárias à fabricação de um produto ou à prestação de um serviço, esse modelo favorece os processos de melhoria da qualidade e de aumento da produtividade, permitindo estabelecer sua efetiva contribuição para os resultados;
- equipes multifuncionais — contam com a participação de especialistas de várias áreas com o objetivo de desenvolver atividade específica, motivo pelo qual são também conhecidas como equipes de projetos;

- equipes temporárias — são forças-tarefas criadas para levar a cabo uma atribuição, sem características de continuidade, podendo envolver pessoas de diferentes áreas que dedicam parte de seu tempo produtivo a esse fim;
- equipes autogerenciadas — têm ampla autonomia para tomar decisões visando à melhoria dos resultados, bem como para contratar pessoas e utilizar recursos; vêm-se tornando indispensáveis devido à crescente complexidade das operações, o que exige decisões rápidas;
- equipes em rede ou virtuais — são comuns em organizações com sede em diferentes lugares e que utilizam os recursos da tecnologia da informação para que seus membros mantenham contato entre si; aqui é importante promover encontros freqüentes, de modo a facilitar os relacionamentos interpessoais;
- equipes de riscos — criadas como estratégia para promover o espírito empreendedor, reúnem talentos especiais, que podem até vir a fazer parte da estrutura organizacional; têm ampla autonomia para administrar seu próprio orçamento e atingir os objetivos; uma variação desse modelo são as equipes incumbidas de apresentar inovações e que dispõem de tempo e recursos para desenvolver um projeto; caso este seja aprovado, a unidade encarregada de sua implementação incorpora os integrantes da equipe, seja com participação nos resultados de risco, seja como negócios-satélite independentes;
- equipes verdadeiras — segundo Katzenbach (2000), quando a importância relativa dos produtos do trabalho coletivo aumentar, uma equipe verdadeira demandará que a liderança passe às mãos do integrante ou integrantes mais adequados, de acordo com a tarefa em questão; a figura 7 ilustra a evolução da equipe verdadeira e a modalidade de liderança requerida nos seus três estágios.

Figura 7

ABORDAGENS DE LIDERANÇA

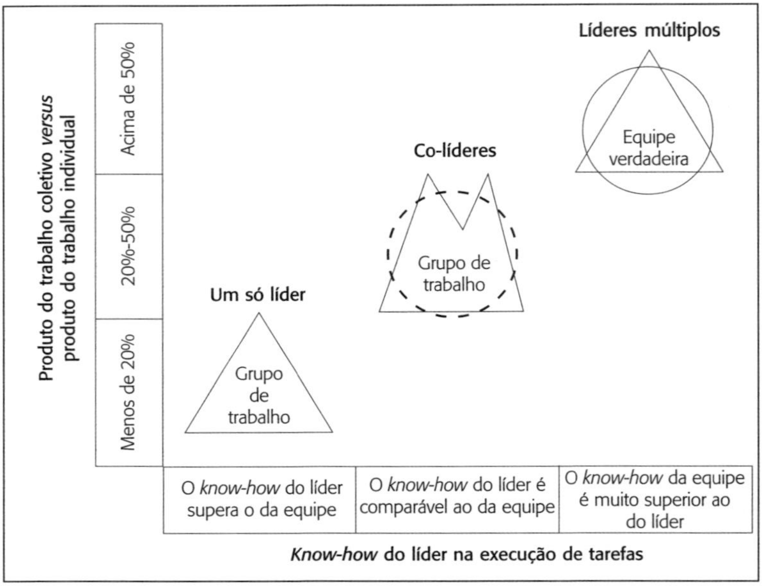

Fonte: Adaptado de Katzenbach, 2000:190.

Dificuldades enfrentadas nas equipes

Em que pese às vantagens do trabalho conjunto e à importância de investir em seu desenvolvimento, a inadequação na escolha dos integrantes ou na definição dos propósitos de uma equipe pode levá-la ao fracasso.

Robbins e Finley (1997) apontam alguns obstáculos ao bom funcionamento das equipes, entre os quais se destacam: necessidades mal combinadas, metas confusas, indefinição de papéis, conflitos de personalidades, predomínio de uma cultura antiequipe, falta de confiança, liderança ruim, uso de ferramentas impróprias, adoção de políticas e procedimentos obtusos, inadequação do sistema de recompensas, e insuficiência de *feedback* e informações. Como se vê, é longa a lista de fatores que levam ao insucesso.

Conflitos interpessoais

No universo das relações interpessoais, quando as pessoas ou os grupos divergem sobre algo — idéias, valores, procedimentos —, cria-se uma situação potencialmente conflitiva. Assim, em maior ou menor grau, as situações de confronto são inevitáveis. Outros fatores que causam conflito são os ruídos de comunicação, a incompatibilidade de percepção ou de opinião, o excesso de normas e a sobreposição de papéis, apenas para citar os mais presentes no ambiente organizacional.

Para administrar o conflito, o primeiro passo é admitir que ele existe. E, desde que não contenha elementos patológicos ou destrutivos, suas conseqüências funcionais e disfuncionais irão depender de sua intensidade e grau de evolução, do contexto existente e do modo como é tratado.

O grande desafio do líder é saber administrar a ocorrência do conflito, já que este não representa uma manifestação de fracasso de uma ou de ambas as partes envolvidas, mas uma forma de as pessoas externarem diferenças. Assim, o conflito pode ser visto como um ponto de partida para mudanças individuais e coletivas, uma vez que previne a estagnação, desperta o interesse e a curiosidade pelo desafio da oposição, revela os problemas e demanda sua resolução.

Táticas para lidar com conflitos interpessoais

As ações para controlar ou reduzir o conflito compreendem três conjuntos de táticas — as chamadas táticas de luta, de fuga e de diálogo —, discriminadas a seguir.

- Tática de luta
  - competição — implica reconhecer o conflito e engajar-se na luta aberta contra o adversário.
- Táticas de fuga
  - repressão — traduz-se no uso do poder para eliminar o conflito, porém o que se consegue, na verdade, é eliminar os sintomas do conflito;
  - evasão — abranda as emoções envolvidas sem, contudo, enfrentar o conflito.
- Táticas de diálogo
  - apaziguamento — pressupõe a ajuda de outrem na administração do conflito;
  - negociação — pressupõe motivação positiva e autocontrole de ambas as partes para resolver o conflito e o conhecimento das estratégias específicas da área de negociação;
  - confrontação — exige maior habilidade de negociação de ambas as partes e de quem venha a servir de mediador, papel que geralmente cabe ao líder ou a um dos líderes das partes em conflito;
  - resolução de problemas — promove-se o diálogo em duas etapas: diferenciação e integração. Na primeira, trata-se de explorar a fundo as percepções e sentimentos de ambas as partes. Se a diferenciação for bem conduzida, a etapa seguinte levará ao equacionamento conjunto dos problemas, ao estabelecimento de prioridades e à formulação de alternativas.

A negociação é necessariamente um processo de interação e articulação entre as partes, visando atingir um resultado sinérgico. Para tanto é fundamental a capacidade de ouvir, de administrar emoções e, principalmente, de fazer concessões.

Segundo Fisher e Ury (apud Megginson, Mosley e Pietri, 1998), quando barganham posições, as pessoas tendem a se colocar na defensiva para melhor protegê-las, o que resulta em situações de "ganhar-perder" ou de "perder-perder". Com isso, muitas vezes elas acabam pondo em risco ou mesmo rompendo um relacionamento preexistente. Para minimizar esses danos, Fisher e Ury desenvolveram a chamada "negociação de princípios" ou "negociação sobre o método", com base nos seguintes parâmetros:

- despersonalizar o debate, separando as pessoas do problema em pauta;
- focalizar os interesses, e não as posições;
- ponderar várias alternativas antes de decidir o que fazer;
- buscar resultados orientados por padrões objetivos.

O quadro 3 mostra a diferença entre a barganha posicional, em que se pode ser incisivo ou brando, e a chamada negociação de princípios.

Quadro 3

Diferença entre barganha posicional e negociação de princípios

Problema — Barganha posicional: Qual é o jogo?		Solução — Mude o jogo: Negociar no mérito
Brando	**Duro**	**Princípios**
Os participantes são amigos.	Os participantes são adversários.	Os participantes são solucionadores de problemas.
A meta é um acordo.	A meta é a vitória.	A meta é um resultado sábio, alcançado eficiente e amigavelmente.
Faça concessões para cultivar o relacionamento.	Exija concessões como uma condição de relacionamento.	Separe as pessoas dos problemas.
Seja "brando" com as pessoas e com o problema.	Seja "duro" com o problema e as pessoas.	Seja "brando" com as pessoas e "duro" com o problema.

continua

Problema — Barganha posicional: Qual é o jogo?		Solução — Mude o jogo: Negociar no mérito
Brando	**Duro**	**Princípios**
Confie nos outros.	Não confie nos outros.	Siga sem pensar em confiança.
Mude sua posição com facilidade.	Permaneça na sua posição.	Focalize interesses, e não posições.
Faça ofertas.	Faça ameaças.	Explore interesses.
Mostre suas intenções.	Iluda quanto a suas verdadeiras intenções.	Evite as segundas intenções.
Aceite perdas para chegar a acordo.	Exija ganhos unilaterais como preço do acordo.	Invente opções para ganhos mútuos.
Procure a resposta única: aquela que *eles* aceitarão.	Procure a resposta única: aquela que *você* aceitará.	Elabore opções múltiplas: decida mais tarde.
Insista em que haja acordo.	Insista em sua posição.	Insista em critérios objetivos.
Tente evitar um choque de vontades.	Tente ganhar no choque de vontades.	Tente alcançar um resultado baseado em padrões independentes da vontade, seja de quem for.
Ceda à pressão.	Aplique pressão.	Debata e esteja aberto a justificativas: ceda a princípios e não a pressões.

Fonte: Adaptado de Megginson, Mosley e Pietri, 1998:446.

Concluindo, a gestão do conflito requer do líder atitudes proativas e imparciais, visando aos melhores interesses das partes, sejam elas indivíduos, grupos ou equipes.

Características de equipes eficazes

A seguir resumimos algumas características essenciais ao bom desempenho das equipes.

Gestão participativa

As equipes são eficazes quando atuam num contexto em que a gestão é descentralizada e aberta à participação de todos, tanto na formulação de idéias e alternativas quanto na apreciação dos resultados alcançados pela equipe ou pela organização como um todo. A gestão participativa incentiva as mudanças e potencializa a qualidade em todos os níveis.

Flexibilidade e adaptação

As freqüentes mudanças no ambiente em que se insere a organização abalam os alicerces dos preceitos e diretrizes tradicionais. A hierarquia, os objetivos e as metas, a formalização dos processos, a divisão do trabalho, tudo isso é fortemente afetado pela flexibilização, a qual exige das equipes a capacidade de adaptar-se prontamente aos novos cenários.

Canal aberto de comunicação

O volume de informações recebido por um integrante da equipe deve estar ajustado à sua capacidade de articulação com os demais. Assim, a comunicação na equipe é uma via de mão dupla que nunca se fecha.

Capacidade de ouvir

À diferença do trabalho individual, a constante interação existente numa equipe leva seus membros a se colocarem como observadores permanentes, alternando-se nos papéis de falante e ouvinte.

Educação e aprendizado

As pessoas que compartilham atividades estão permanentemente recebendo informações e aprendendo com a experiência dos demais.

Motivação

O trabalho em equipe é altamente motivador, tamanha é a troca de estímulos que ele propicia.

Criatividade

Fazer parte de uma equipe induz as pessoas a desenvolver a sensibilidade e o pensamento criativo. Quanto maior a liberdade de pensamento, mais vocações poderão ser despertadas.

Crescimento pessoal

A convivência numa equipe contribui para a socialização e aumenta a satisfação, a autoconfiança e a felicidade de cada um.

Exercitando conceitos

À guisa de exercício, propomos ao leitor as seguintes perguntas:

- Como você explica a formação de um grupo e sua transformação em equipe?
- Estabeleça um paralelo entre uma equipe autogerenciada e uma equipe multifuncional.

Conclusão

A gestão de pessoas é um campo em permanente ebulição. Líderes empresariais dos mais diversos segmentos e países dão a conhecer a gestores de todo o mundo as suas experiências à frente de grandes corporações. Assim, histórias bem-sucedidas ou mesmo malogradas juntam-se aos conceitos já conhecidos para pavimentar o caminho do sucesso que as organizações tanto perseguem.

Toda mudança começa por um trabalho de autoconhecimento que depende essencialmente da educação recebida pelo indivíduo. Por sua vez, a aprendizagem nas organizações é um fator estratégico e vital para os processos de inovação e de mudanças sistêmicas. Entretanto, para orientar a dinâmica das decisões e ações gerenciais é imprescindível a valorização de comportamentos éticos consignados em códigos de conduta.

A comunicação difunde tais comportamentos e também o conhecimento, permitindo assim à força de trabalho identificar ou criar oportunidades de motivação, elemento fundamental no jogo por resultados do qual toda organização deve participar.

A liderança, por seu turno, não se limita ao tradicional formato líder-colaborador. Vimos que o seu espectro se estende às mais variadas formas de relacionamento interpessoal, as quais não se caracterizam nem pela permanência nem pela hierarquia formalmente constituída. Daí resultam grupos igualmente flexíveis e descontínuos, matizados pelas relações e pela comunicação informais. Dependendo da habilidade para lidar com grupos, pode-se facilitar ou impedir sua transformação em equipes. Por último, cabe destacar uma vez mais a importância da capacidade de negociação para a administração dos conflitos e, logo, para o sucesso na gestão de pessoas.

Bibliografia

AGUIAR, M. A. F. *Psicologia aplicada à administração: uma introdução à psicologia organizacional*. São Paulo: Atlas, 1981.

ARAÚJO, J. W. C. Exigências de uma co-responsabilidade com a criação: uma proposta de ética ecológica. Dissertação (Mestrado) — PUC-Rio, Rio de Janeiro, 2001.

ARGYRIS, Chris; BARTOLOMÉ, Fernando; ROGERS, Carl et al. *Comunicação eficaz na empresa: como melhorar o fluxo de informações para tomar decisões corretas*. Rio de Janeiro: Campus, 1999.

ARRUDA, Maria Cecília Coutinho de. *Código de ética: um instrumento que adiciona valor*. São Paulo: Negócio, 2002.

BATEMAN, Thomas; SNELL, Scott. *Administração: construindo vantagem competitiva*. São Paulo: Atlas, 1998.

BEE, Roland; BEE, Frances. *Feedback*. São Paulo: Nobel, 2000.

BENNIS, Warren. *A invenção de uma vida*. Rio de Janeiro: Campus, 1995.

_____; SPREITZER, Gretchen M.; CUMMINGS, Thomas G. *O futuro da liderança: uma coletânea com as idéias dos maiores líderes da atualidade*. São Paulo: Futura, 2001.

BERGAMINI, Cecília Whitaker. *Desenvolvimento de recursos humanos: uma estratégia de desenvolvimento organizacional*. São Paulo: Atlas, 1980.

BERGER, Peter I.; LUKMANN, Thomas. *A construção social da realidade*. Petrópolis: Vozes, 1985.

BYHAM, William C. *Zapp! O poder da energização*. Rio de Janeiro: Campus, 1992.

CARVALHAL, Eugênio; FERREIRA, Geraldo. *Ciclo de vida das organizações:* peopleware, *liderança transformadora e desenvolvimento de equipe de alto desempenho*. Rio de Janeiro: FGV, 1999.

CASTRO, Alfredo Pires; MARIA, Valéria José. *Motivação de equipes virtuais: a inteligência emocional para se relacionar com pessoas diferentes a cada dia*. São Paulo: Gente, 1999.

CHAUÍ, Marilena. *Convite à filosofia*. 12. ed. São Paulo: Ática, 2000.

CLARKE, Thomas; MONKHOUSE, Elaine. *Repensando a empresa*. São Paulo: Pioneira, 1995.

DAVEL, E.; VERGARA, J. C. (Orgs.). *Gestão com pessoas e subjetividade*. São Paulo: Atlas, 2001.

DAVIS, Keith; NEWSTROM, John W. *Comportamento humano no trabalho: uma abordagem psicológica*. São Paulo: Pioneira, 1992. v. 1.

DE MASI, Domenico. *O futuro do trabalho: fadiga e ócio na sociedade pós-industrial*. Rio de Janeiro: José Olympio, 1999.

DRUCKER, Peter. *Administração em tempos turbulentos*. 2. ed. São Paulo: Pioneira, 1980.

_____. *As novas realidades*. 2. ed. São Paulo: Pioneira, 1991.

ENGUITA, Mariano F. *A face oculta da escola: educação e trabalho no capitalismo*. Porto Alegre: Artes Médicas, 1989.

FERRELL, O. C.; FRAEDRICH, J.; FERRELL, L. *Ética empresarial*. Rio de Janeiro: Reichmann & Affonso, 2001.

FREIRE, Paulo. *Educação e mudança*. 16. ed. Rio de Janeiro: Paz e Terra, 1990.

______. *Pedagogia da autonomia: saberes necessários à prática educativa*. 3. ed. São Paulo: Paz e Terra, 1997.

FROMM, Erich. *Psicanálise da sociedade contemporânea*. 10. ed. Rio de Janeiro: Zahar, 1983.

GALBRAITH, Jay R. et al. *Organizando para competir no futuro*. São Paulo: Makron Books, 1995.

GEISLER, Jorge. *Falando e encantando seu público*. Canoas: Caadii, 2000.

GOLEMAN, Daniel. *Inteligência emocional*. Rio de Janeiro: Objetiva, 1996.

HANDY, Charles. *Tempo de mudanças: a descontinuidade administrativa num mercado competitivo*. São Paulo: Saraiva, 1996.

HINDLE, Tim. *Como fazer apresentações*. São Paulo: Publi folha, 2000.

HIRIGOYEN, Marie-France. *Assédio moral: a violência perversa no cotidiano*. Rio de Janeiro: Bertrand Brasil, 2000.

HURLEY, Kathleen; DOBSON, Theodore. *Qual é o meu tipo: um estudo dos nove tipos de personalidade humana*. São Paulo: Mercuryo, 1994.

KATZ, Daniel; KAHN, Robert L. *Psicologia social das organizações*. 2. ed. São Paulo: Atlas, 1978.

KATZENBACH, John R. *Equipes campeãs: desenvolvendo o verdadeiro potencial de equipes e líderes*. Rio de Janeiro: Campus, 2000.

KOLB, David. *Psicologia organizacional: uma abordagem vivencial*. São Paulo: Atlas, 1978.

LENHARD, Rudolf. *Sociologia educacional*. 7. ed. São Paulo: Pioneira, 1985.

LIPMAN-BLUMEN, Jean. *Liderança conectiva*. São Paulo: Makron Books, 1999.

_____; LEAVITT, Harold. Solução rápida: *hot-groups*. *HSM Management* n. 17, p. 68, nov./dez. 1999.

LOBATO, David Menezes. *Administração estratégica*. Rio de Janeiro: Editoração, 2000.

LOBOS, Júlio. *Mulheres que abrem passagem: e o que os homens têm a ver com isso*. São Paulo: J. Lobos, 2002.

MACÊDO, Ivanildo Izaias. Educação no trabalho: retendo talentos na organização — o caso Petrobras. Dissertação (Mestrado) — FGV/Ebap, Rio de Janeiro, 1998.

MARCONDES, Danilo. *Iniciação à história da filosofia: dos pré-socráticos a Wittgenstein*. Rio de Janeiro: Jorge Zahar, 1998.

MEDNICK, Sarnoff. *A aprendizagem*. 4. ed. Rio de Janeiro: Zahar, 1973.

MEGGINSON, Leon C.; MOSLEY, Donald C.; PIETRI JR., Paul H. *Administração: conceitos e aplicações*. São Paulo: Harbra, 1998.

MINICUCCI, Agostinho. *Relações humanas: psicologia das relações interpessoais*. São Paulo: Atlas, 1982.

MONTANA, P. J.; CHARNOV, B. H. *Administração*. São Paulo: Saraiva, 2000.

MORAES, Anna Maris Pereira de. *Iniciação ao estudo da administração*. São Paulo: Makron Books, 2000.

MOREIRA, Joaquim Manhães. *A ética empresarial no Brasil*. São Paulo: Pioneira Thomson Learning, 2002.

MOREIRA, Marco Antonio. *Ensino e aprendizagem: enfoque teórico*. 3. ed. São Paulo: Moraes, 1983.

MORGAN, Gareth. *Imagens da organização*. São Paulo: Atlas, 1996.

MOSCOVICI, Fela. *Desenvolvimento interpessoal*. Rio de Janeiro: Atlas, 1991.

_____. *Equipes dão certo: a multiplicação do talento humano*. Rio de Janeiro: José Olympio, 1994.

MOTTA, Fernando C. Prestes. *O que é burocracia.* 16. ed. São Paulo: Brasiliense, 2000.

MOTTA, Paulo Roberto. *Gestão contemporânea: a ciência e a arte de ser dirigente.* 6. ed. Rio de Janeiro: Record, 1995.

_____. *Transformação organizacional: a teoria e a prática de inovar.* Rio de Janeiro: Qualitymark, 2000.

NADLER, David A.; GERSTEIN, Marc C.; SHAW, Robert B. et al. *Arquitetura organizacional.* Rio de Janeiro: Campus, 1994.

NASH, Laura L. *Ética nas empresas: boas intenções à parte.* São Paulo: Makron Books, 1993.

NEVES, Roberto de Castro. *Imagem empresarial: como as organizações (e as pessoas) podem proteger e tirar partido do seu maior patrimônio.* Rio de Janeiro: Mauad, 1998.

OSBORNE, John. *Aprenda a falar bem e impulsione sua carreira.* São Paulo: Nobel, 1999.

PARKER, Glenn M. *O poder das equipes.* Rio de Janeiro: Campus, 1995.

PIÉRON, Henri. *Dicionário de psicologia.* Porto Alegre: Globo, 1966.

POLITO, Reinaldo. *Como falar corretamente e sem inibições.* 58. ed. São Paulo: Saraiva, 1998.

PRIGOGINE, Ilya. O reencantamento da natureza. In: WEBER, Reneé. *Diálogos com cientistas e sábios.* Rio de Janeiro: Cultrix, 1991.

REGO, Francisco Gaudêncio Torquato. *Comunicação empresarial: comunicação institucional.* São Paulo: Summus, 1986.

ROBBINS, H.; FINLEY, M. *Por que equipes não funcionam: o que não deu certo e como torná-las criativas e eficientes.* Rio de Janeiro: Campus, 1997.

RODRIGUES, Aroldo. *Aplicações da psicologia social.* Petrópolis: Vozes, 1981.

ROGERS, Carl R. *Tornar-se pessoa*. 5. ed. São Paulo: Martins Fontes, 1997.

SANTOS, Theotonio. *Economia mundial, integração regional e desenvolvimento sustentado*. 3. ed. Petrópolis: Vozes, 1995.

SCHEIN, Edgar H. *Psicologia organizacional*. Rio de Janeiro: Prentice Hall do Brasil, 1982.

SENGE, Peter M. *A quinta disciplina*. São Paulo: Best Seller, 1990.

SEVERINO, Emanuele. *A filosofia antiga*. Lisboa: Edições 70, 1986.

SILVA, De Plácido. *Vocabulário jurídico*. Rio de Janeiro: Forense, 2002.

SOUZA, Edela Lanzer Pereira de. *Treinando gerentes para o futuro*. São Paulo: Edgar Blücher, 1992.

SROUR, R. H. *Poder, cultura e ética nas organizações*. Rio de Janeiro: Campus, 1998.

_____. *Ética empresarial*. Rio de Janeiro: Campus, 2000.

STOETZEL, Jean. *Psicologia social*. São Paulo: Nacional, 1967.

SZÉKELY, L. C. *Béla. Diccionario enciclopedico de la psique*. Buenos Aires: Claridad, 1963.

TACHIZAWA, T.; FERREIRA, V. C. P.; FORTUNA, A. A. M.. *Gestão com pessoas: uma abordagem aplicada às estratégias de negócios*. Rio de Janeiro: FGV, 2001.

TOFFLER, Alvin. *O choque do futuro*. Rio de Janeiro: Vozes, 1970.

TROPE, Alberto. *Organização virtual: impactos do teletrabalho nas organizações*. Rio de Janeiro: Qualitymark, 1999.

VÁZQUEZ, Adolfo Sánchez. *Ética*. Rio de Janeiro: Civilização Brasileira, 1985.

VERGARA, Sylvia. *Gestão de pessoas*. 3. ed. São Paulo: Atlas, 2003.

VIEIRA, Stalimir. *Marca: reflexões sobre marketing e ética*. São Paulo: Loyola, 2001.

WAGNER III, John A.; HOLLENBECK, John. *Comportamento organizacional: criando vantagem competitiva*. São Paulo: Saraiva, 1999.

WELLINS, Richard S.; BYHAM, William C.; WILSON, Jeanne M. *Equipes Zapp!* Rio de Janeiro: Campus, 1994.

WOOD JR., Thomaz. *Executivos neuróticos, empresas nervosas*. São Paulo: Negócio, 2002.

Os autores

Ivanildo Izaias de Macêdo

Mestre em administração pública pela Ebape/FGV, pós-graduado em educação e desenvolvimento de recursos humanos pela UFRJ e administrador pela UFRN. Ex-gerente de RH do Centro de Pesquisas da Petrobras (Cenpes). Professor do FGV Management.

Denize Ferreira Rodrigues

Mestre em administração pela Coppead/UFRJ, graduada em administração e em economia. Diretora de recursos humanos da Unigranrio e membro de comissões verificadoras do MEC. Professora do FGV Management.

Maria Elizabeth Pupe Johann

Mestre em administração pelo PPGA/UFRGS, graduada em administração de empresas pela Unisinos. Ex-chefe de departamento e coordenadora de cursos de pós-graduação e de extensão da Unisinos. Membro de comissões verificadoras do MEC. Diretora do Centro Interamericano de Treinamento Empresarial. Professora do FGV Management.

Neisa Maria Martins da Cunha

Mestre em psicologia social e psicóloga pela UGF, terapeuta com formação em psicodrama pela SPRJ, especialista e didata em dinâmica de grupo pela Sobrap. Qualificou-se em educação para adultos pela University of Central Florida. Ex-chefe na área de RH da White Martins e ex-docente pelas Universidades Gama Filho, PUC e UFRJ. Professora do FGV Management.

Este livro foi impresso nas oficinas gráficas da Editora Vozes Ltda.,
Rua Frei Luís, 100 – Petrópolis, RJ.